LETTRES

D'UN

ÉLECTEUR DE 1789,

A UN

JEUNE ÉLECTEUR DE 1834.

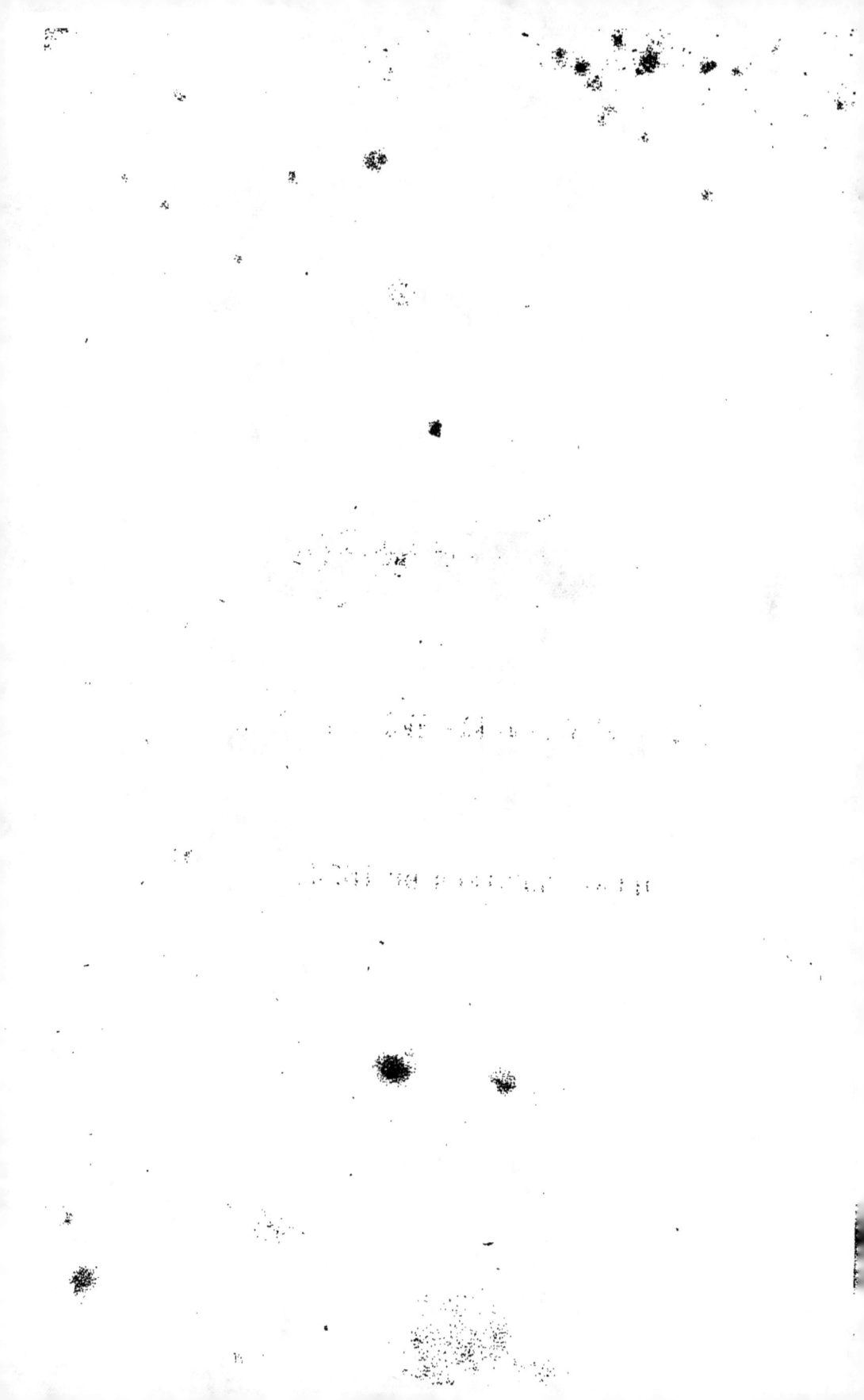

LETTRES

D'UN

ÉLECTEUR DE 1789,

A UN

JEUNE ÉLECTEUR DE 1834.

Après l'anéantissement de la tyrannie
en Sicile et la mort de Dion qui l'avait
renversée, les Siciliens écrivirent à
Platon pour lui demander s'ils devaient
rétablir la royauté ou préférer la domination du peuple. Le sage répondit :
« Un État n'est jamais heureux ni sous
» le joug de la tyrannie ni dans l'aban-
» don d'une trop grande liberté, et mieux
» est d'obéir à des Rois sujets eux-mêmes
» des lois.
» L'excessive liberté et la grande ser-
» vitude produisent à-peu-près les mêmes
» effets et sont également dangereux. »

PARIS.

Charles MARY, Libraire-Éditeur,

Boulevard Montmartre, N.° 14.

MAI 1834.

Les Lettres suivantes , écrites sous l'empire d'une conviction profonde, n'ont sans doute d'autre mérite que leur opportunité. Produiront-elles quelque bien ? je l'espère et je le crois si elles rencontrent des lecteurs de bonne foi , dégagés de tout esprit de parti et jaloux de connaître la vérité.

Bonne foi, désir de connaître, impartialité, ce sont qualités rares par le temps qui court, je ne l'ignore pas. Ai-je plus de chances de succès en m'adressant à la jeunesse ? Ceci est encore une question.

Une Brochure politique, du reste, doit presque toujours sa fortune au nom qui la recommande. Le mien est obscur et les vérités que je dis ne sont pas neuves, qu'importe ? Ma conscience m'a commandé de parler, j'ai parlé.

Advienne que pourra.

INTRODUCTION.

Vingt-cinq ans ! mon cher Eugène, vingt-cinq
ans ! c'est un bel âge, n'est-ce pas ? c'est encore
la première jeunesse avec toutes ses heureuses dé-
ceptions, avec ses utopies, ses espérances, ses rêves
de gloire, de fortune, d'avenir, avec un tant soit
peu d'expérience peut-être. Et cependant ces
vingt-cinq ans que vous touchez à peine, vous
rendent sérieux, pensif, vous étonnent, vous in-
quiètent, je pourrais presque dire vous effraient.

Eh quoi ! quelques lignes échappées du greffe de votre commune, un billet de votre percepteur, ont-ils pu produire cette métamorphose étrange sur vous, si gai, si folâtre, si insouciant !

Rien de plus vrai cependant..... Mais aussi ce billet, ces quelques lignes, ne vous disent-ils pas que vous allez entrer dans une vie toute nouvelle, que vous allez prendre place dans ce monde politique que vous ignoriez, que vous vouliez ignorer toujours, mais qui vous ouvre des bras que vous ne pouvez repousser. Jeune, riche, indépendant, vous n'avez encore connu de la jeunesse, de la fortune, de l'indépendance, que les trésors qu'elles sèment. Vous avez fait votre vie joyeuse, joyeuse pour vous, joyeuse pour vos amis. Aujourd'hui le pays vous réclame, il vous rappelle vos obligations, vos devoirs ; il vous rappelle à quelles conditions il a protégé cette jeunesse dont vous êtes si fier, à quelles conditions il vous a, jusqu'à ce jour, donné sécurité, garantie, pour ces biens, ces trésors dont vous êtes si prodigue ; à quelles conditions enfin il vous a octroyé cette liberté, cette indépendance dont vous êtes si glorieux : en un mot, par cela seul que vous avez vécu heureux et libre, il vous rappelle que vous êtes devenu débiteur de l'Etat, qui vous dit maintenant : « Vous avez vingt-cinq ans ; de par la loi vous êtes électeur, de par la loi vous allez déposer votre vote dans cette urne où se font les destinées de la patrie. Ainsi que vous le voudrez, ainsi que vous voterez, ces destinées seront glorieuses ou misérables. A vous seul, peut-être, à vous à faire l'avenir de tous, à vous par conséquent à faire le vôtre !..... »

Eh bien, mon cher Eugène, cette puissance soudaine, inattendue, pour vous surtout qui, dans votre insouciance de jeune homme, n'avez jamais, chaque matin, porté vos pensées au-delà de la soirée qui devait couronner un jour de fête, ce droit immense que la loi vous départit, votre émancipation enfin, voilà ce qui vous rend grave, sérieux, pensif, voilà ce qui vous étonne, vous inquiète.

En effet n'y a-t-il pas là matière à sérieuses méditations pour l'électeur consciencieux qui comprend la haute mission qui lui est confiée, qui ne se dissimule pas la terrible responsabilité qui pèse sur lui ? Un mauvais vote ne peut-il point amener aux affaires un mauvais citoyen, et l'histoire n'est-elle point là pour nous dire ce que peut quelquefois l'influence d'un seul homme, surtout s'il a reçu du Ciel ce don précieux, que la Providence ne devrait tenir en réserve que pour l'homme de bien, cette éloquence fatale qui exalte, entraîne, maîtrise une assemblée, qui ne l'égare que trop souvent, et qui, semblable au génie du mal, n'a, par fois, de puissance que pour soulever des tempêtes.

Mieux que personne, je conçois donc votre inquiétude, votre indécision ; l'une et l'autre vous honorent; homme de cœur, de sens, de probité, vous comprenez que sur cette mer où l'on vous entraîne, le naufrage est facile. Craintif, incertain, vous frémissez de votre

isolement ; vous tremblez de vous livrer à
vous-même ; il vous faut, vous le sentez, un
soutien, un guide, un pilote. Ce soutien, ce
guide, ce pilote, vous le cherchez autour de
vous. Mes cheveux blancs vous ont frappé ; vous
avez eu foi dans ma vieille expérience et vous
m'avez dit : « Vous qui avez beaucoup vécu, vous
qui avez beaucoup vu, venez à moi ; prenez pitié
de moi ; électeur de 89, donnez la main au jeune
électeur de 1834. »

Savez-vous, mon cher Eugène, que l'appel
que vous me faites flatte singulièrement mon
amour-propre ? Eh quoi ! par le temps qui court,
croire à l'expérience des autres, s'approcher
d'un vieillard et lui dire : « Maître, parlez, nous
vous écouterons et nous ferons comme vous
direz ! » Savez-vous que c'est chose rare ? Savez-
vous que vous allez mettre en émoi, soulever
cette jeunesse ardente, présomptueuse, qui
tourbillonne autour de vous et qui, lancée
dans ce qu'elle appelle la carrière du progrès,

stigmatise et déclare *rétrogrades* ou au moins *stationnaires*, ceux qui, les premiers, et à une époque où il y avait quelque danger à le faire, ont osé prononcer ce mot de *progrès*, aujourd'hui si diversement interprêté! A nous autres vétérans de la liberté, on s'est hâté de donner les invalides; on nous les a donnés, non pas comme à des soldats glorieusement mutilés sur le champ de bataille et dont on vénère encore les nobles cicatrices. Bien vieux pour le combat, il est vrai, on n'a point voulu examiner si nous n'étions pas encore bien jeunes, bien bons pour le conseil. D'ailleurs la reconnaissance fatigue; on a voulu s'en débarrasser comme du plus incommode fardeau, et d'un commun accord, les écoliers de la rue Saint-Jacques ont signé un brevet d'incapacité à quiconque ne penserait pas, ne dirait pas et ne ferait pas comme eux.

Merci, grand merci donc, mon jeune ami, grand merci pour mes cheveux blancs, grand merci pour mon amour-propre! Entre nous soit dit (c'est peut-être faiblesse) il souffrait un peu de l'anathème lancé si légèrement contre cette génération de 89, qui, quoiqu'on fasse, déjà bien grande, grandira encore dans l'histoire.

Revenons maintenant à l'objet de cette lettre.

Sous peu de semaines, sous peu de jours peut-être, l'urne électorale va s'ouvrir; dans ses flancs, je le répète, sont les destinées de la France. La voix qui s'en échappera sera grave, solennelle. Le jugement qu'elle prononcera n'aura pas d'appel. Il doit sanctionner, absoudre ou condamner sans pitié. C'est question de vie ou de mort pour les partis, ils le sentent; aussi avec quelle activité, avec quelle frénésie ne se disposent-ils pas à la lutte? Partout, préparatifs de guerre et de combat! Dans chaque camp, on aiguise ses armes. Le choc, tout l'annonce, sera violent; la bataille sera terrible, mais aussi, décisive. Fasse le Ciel, du moins, que de part et d'autre les armes soient loyales et courtoises.

C'est chose réellement curieuse et nécessaire

pour tout homme jaloux de connaître la vérité, que de soumettre au creuset de l'analyse ce que l'on est convenu d'appeler le monde politique. Qu'on s'applique à le décomposer, à en étudier les élémens primitifs ; que l'on cherche à reconnaître là où se trouvent le vrai patriotisme, le véritable amour du bien ; que l'on porte un œil scrutateur sur les partis, sur leur jeu, leurs moyens d'action, d'influence, sur leurs intrigues, leurs désirs secrets, leurs espérances avouées, combien vîte, hélas ! on découvrira que le bonheur du pays est pour bien peu dans ces combinaisons de toute sorte, qui n'ont presque toujours pour but que de satisfaire l'ambition, la cupidité ou la haine de quelques-uns.

L'ambition, la cupidité, la haine, voilà, en temps de révolution, voilà les véritables chefs de parti. Personnifiez - les comme vous voudrez, donnez - leur un masque, un nom, appelez-les Brutus, Claudius, Catilina, Arteweld, Mazaniello, Gennaro Annese, Marat, Robespierre, Gracchus Babœuf, etc., qu'importe, le fond est toujours le même ; ceux-là seuls sont les habiles du parti qui, sous la prétention de faire les affaires de tous, ne travaillent que pour eux. Aussi persévérans qu'adroits, ils exploiteront, sans que vous puissiez vous en douter un seul instant, votre faiblesse, votre bonne-foi, vos passions bonnes ou mauvaises. Alors que vous croirez marcher et faire par vous seul, vous ne serez qu'un enfant à la lisière, qu'un instrument aveugle qu'on n'hésitera pas à briser après la victoire, qu'un complice qui paiera seul et pour tous s'il y a défaite et danger.

Que faut-il donc faire, me direz-vous ? Ce qu'il faut faire ! briser leur masque ou subir leur joug ; en cela point de *juste milieu*. Voulez-vous plus tard exercer aussi une influence aussi honorable que réelle ? que vos affections comme vos convictions politiques ne soient point de commande ; qu'elles soient, les unes et les autres, le résultat de méditations sérieuses. Mais alors

n'hésitez pas à prendre une position large ,
nette et tranchée ! Faites en sorte de n'être
l'écho de personne ; faites en sorte de ne marcher
à la remorque d'aucun parti ; sachez conserver
votre individualité ; en un mot , restez vous-
même , et vous reconnaîtrez bientôt qu'on est
bien fort quand on n'a pour guides que sa conscience , l'expérience des sages , et qu'on n'obéit
qu'à sa propre impulsion.

Ce langage vous paraîtra singulier , sans con-
tredit ; vous le regarderez comme une fin de non
recevoir. En effet, vous venez à moi , vous me
demandez des conseils et je vous réponds qu'il
faut marcher seul et par vous-même ! je vais
m'expliquer.

Je n'ai point la prétention d'imposer à qui que
ce soit mes opinions, à vous moins qu'à tout
autre ; mais, ces opinions , je vous les dirai en
toute franchise , je vous les donnerai pour ce
qu'elles sont , puis vous les rapprocherez de vos
propres sentimens ; s'il existe entre eux parité ,

parfait accord, ou si le raisonnement vous en rap-
proche , je m'en féliciterai ; sinon , je désire
m'être trompé et être seul dans la fausse route.
Moi, je puis errer ; à mon âge , le péril n'est pas
grand ; quant à vous , vous avez trop d'avenir
pour le compromettre, trop de bon sens pour ne
pas comprendre que vous pouvez vous en rendre
maître , si vous êtes prudent et sage.

En un mot, je veux que la discussion seule vous
amène progressivement à une conviction profonde , et que cette conviction vous fixe à jamais
sous la bannière du parti que vous aurez embrassé
et que vous défendrez d'autant mieux que , soldat
volontaire , vous seul , vous aurez choisi vos
enseignes.

Je sais parfaitement bien que dans ce chaos ,
ce choc d'opinions extrêmes qui se contrarient et
se heurtent, il est difficile d'arriver à une solution
prompte et complète ; mais nous avons des yeux
pour voir, des oreilles pour entendre , un cœur
pour sentir, un je ne sais quoi en nous qui nous
dit : Voilà le bien , voilà le mal. Il ne tient donc

qu'à vous d'y parvenir, et vous y parviendrez d'autant plus facilement que vous en avez la volonté, et que le vouloir, en pareille circonstance, est tout-puissant. Les difficultés sont grandes, je le sais ; les obstacles sont nombreux, incessans, je le sais encore ; mais à vous la victoire si vous persistez.

Déjà, me dites-vous, les obsessions vous accablent, les brochures, les pamphlets, les journaux pleuvent autour de vous. Depuis la *Société des Droits de l'Homme* jusqu'à l'*Association catholique*, tout se met en œuvre ; intrigues, sollicitations, démarches, menaces, rien n'est épargné, rien n'est omis. A toute force il faut vous avoir ; partout on vous regarde comme une conquête facile, parce que vous êtes jeune et novice dans la carrière ; précieuse, parce que vous apportez avec vous l'influence que donnent un nom et de la fortune. On vous veut, ame, corps et bien, et, le pacte à la main, chaque parti vous attire à lui, vous tend la plume et vous dit : « Signez. »

Tout cela, je le conçois, vous fatigue, vous est insupportable, odieux.... Que voulez-vous ? vous subissez les inconvéniens des grandeurs attachées à la souveraineté que vous reconnaît la loi et dont elle vous invite à exercer une portion.

Maintenant, voulez-vous de la république, vous n'avez qu'à choisir entre celle de Robespierre et celle de Washington ; entre la *Tribune* et le *National*. Voulez-vous de la légitimité, de l'absolutisme, la *Quotidienne* vous réclame. Sa politique franche et si naïvement contre-révolutionnaire vous effraie-t-elle, passez à la *Gazette de France;* elle vous fera même, au besoin, du libéralisme, l'adroite qu'elle se croit ! Le juste milieu vous plaît-il, auriez-vous quelque velléité de passer dans le camp doctrinaire, vîte au *Journal des Débats!* et surtout, hâtez-vous, le temps presse.

En vain demanderez-vous grace, quelque répit; en vain direz-vous que vous voulez méditer, réfléchir, rechercher de quel côté s'est réfugié le pays ; en vain chercherez-vous à vous échap-

per, à vous soustraire à une importunité de tous
les instans ; en vain voudrez-vous fuir, partout
on saura vous atteindre, dussiez-vous même passer
les mers, ou, nouveau Siméon Stylite, vous
réfugier sur votre colonne.

Quoi qu'il en soit, mon cher Eugène, tenez
bon, résistez et laissez faire ; ne vous laissez
point intimider par ce cliquetis de phrases so-
nores, mais vides de sens et de logique, dont
s'est enrichi, non pas le Dictionnaire de l'Aca-
démie française, qui n'en peut mais, mais celui
que les factions ont fabriqué *ad usum* et que les
passions des hommes peuplent chaque jour de
mots inconnus, tant il est vrai qu'en temps de
trouble la confusion des choses amène la confusion des mots, *et vice versâ.* D'ailleurs, en révolution, les mots proscrivent, et c'est toujours
commode.

De 1791 à 1794 (trois années seulement),
nous avons eu successivement des *Aristocrates,*
des *Monarchiens,* des *Constitutionnels,* des *Dé-*

mocrates, des *Hommes du 14 Juillet*, un côté gauche, un côté droit, des *Feuillans*, des *Fayet-tistes*, des *Orléanistes*, des *Cordeliers*, des *Jaco-bins*, des *Maratistes*, des *Chevaliers du poignard*, des *Septembriseurs*, des *Égorgeurs*, des *Giron-dins*, des *Brissotins*, des *Fédéralistes*, des *Modé-rés*, des *Suspects*, des *Hommes d'État*, des *Mem-bres de la Plaine*, des *Crapauds du Marais*, des *Montagnards*, des *Alarmistes*, des *Apitoyeurs*, des *Endormeurs*, des *Hébertistes*, des *Sans-Cu-lottes*, des *Habitans de la Crète*, des *Terroristes*, des *Thermidoriens*, des *Patriotes de* 89, une *Jeunesse dorée*, etc., etc. Aujourd'hui, dans le même espace de temps, nous avons eu des *Hom-mes du Mouvement*, des *Hommes de la Résistance*, des *Républicains à la* 93, des *Républicains à l'amé-ricaine*, des *Carlistes*, des *Légitimistes*, des *Hen-riquinquistes*, des *Philippistes*, des *Juste-milieu*, des *Doctrinaires*, des *Bonapartistes*, des *Libéraux*, des *Radicaux*, des *Monarchistes*, des *Orléaniers*, des *Guizotins*, des *Bousingots*, des *Emeutiers*, des

Premiers Paris, des *Jeune-France*, des *Amis du peuple*, une Société des *Droits de l'Homme*, avec sections de toutes sortes et de tous noms, une Société *Aide-toi ! le Ciel t'aidera*, des *Prostitués*, etc., etc., etc.

Vous le voyez, mon jeune ami, nous sommes en bon chemin, et Dieu sait où nous nous arrêterons maintenant. Qu'en conclure ? C'est que, de tout temps, les mêmes passions reproduisent, à peu de chose près, les mêmes partis, et les mêmes partis les mêmes qualifications; espérons seulement que certains mots d'exécrable mémoire ne retrouveront plus leur application.

Quelle devise maintenant écrire sur son drapeau ? Pour qui combattre ? — Pour la France, me répondrez-vous. — Soit; mais où se trouve la France ? Est-elle républicaine, légitimiste, constitutionnelle ? C'est ce qu'il faut chercher, c'est ce qu'il faut examiner, c'est ce que nous allons faire.

II.

DE LA FRANCE.

APERÇU DE SON ORGANISATION POLITIQUE ET ADMINISTRATIVE ;
SA SITUATION ACTUELLE.

C'était le 27 Février 1827 (j'ai bonne mémoire), une foule silencieuse suivait, tête découverte, un char funèbre, qu'escortaient à pas lents, et l'arme sous le bras gauche, quelques vétérans. Des pairs, des députés, d'anciens ministres, des magistrats, des officiers-généraux illustrés sur nos plus glorieux champs de bataille, des avocats fameux par leur noble et patriotique éloquence, des banquiers, des négocians haut placés dans l'estime de leurs concitoyens, formaient ce cortège que terminait une longue suite de voitures de deuil et d'équipages. Parmi ces derniers était un carrosse aux armes royales, à la livrée éclatante, et vers lequel les doigts se dirigeaient. Vous-même, mon cher Eugène (car vous étiez auprès de moi), vous devez vous rappeler cette circonstance qui parut faire sur vous une profonde impression. Mais aussi, cet équipage aux armes royales, à la livrée éclatante, c'était celui d'un prince noble de cœur et de naissance et qui avait voulu, autant qu'il était en lui, donner un témoignage solennel de ses regrets et s'associer à la douleur publique.

Ce prince, c'était Louis-Philippe, duc d'Orléans. L'homme de bien, l'excellent citoyen dont nous pleurions la perte, dont nous allions déposer dans la tombe les dépouilles mortelles, c'était un de ces *six* qui, suivant une belle et énergique expression, avaient derrière eux *trente* millions de Français; c'était l'un de ces défenseurs de nos libertés, l'un de ces députés si justement populaires, qui voulaient la Charte, rien que la Charte, mais toute la Charte ; c'était enfin l'aimable, le bon, le spirituel Stanislas Girardin.

Chemin faisant, vous vous le rappellerez encore, mon jeune ami, nous déplorions l'aveuglement de cette cour ombrageuse et contre-révolutionnaire qui osait proscrire de tels hommes et les signaler au pays comme les ennemis les plus implacables de la monarchie, eux qui l'eussent sauvée, cette monarchie, si elle avait pu être sauvée ! La Charte, rien que la Charte, mais toute la Charte, c'était le cri de la France au mois de Juin 1820 ; c'était le cri de la France lorsqu'elle couvrait de lauriers la tombe de Foy ; c'était enfin son mot d'ordre lorsqu'elle disait à ses députés : « Allez et combattez ; surtout : la Charte, rien que la Charte, mais toute la Charte. »

Nous approchions de l'endroit où nous allions dire le dernier adieu à notre digne et si regrettable ami, lorsqu'un de nous développa avec énergie l'antipathie toujours croissante pour cette branche aînée, aussi fatale au pays qu'à elle-même. Eh bien! reprit un autre, n'avons-nous pas un duc d'Orléans? ne vous souvient-il plus comment Guillaume d'Orange monta sur le trône d'Angleterre? La Charte de 1814, un prince sage et patriote, des ministres pris sur les bancs où siégeaient Foy et Girardin, n'est-ce pas là tout ce que pouvait espérer la France? que lui faudrait-il de plus? — Ce qu'il lui faudrait de plus, vous écriâtes-vous, vous, mon cher Eugène, avec votre enthousiasme de dix-huit ans, avec vos souvenirs d'enfance, et en nous montrant les schakos des vétérans qui nous précédaient; ce qu'il faudrait de plus à la France, à vous, à moi, c'est une autre cocarde que celle que vous voyez; c'est le drapeau tricolore au lieu du drapeau blanc....

Ce peu de paroles fit impression. Nous gardâmes le silence. Quelques instans après, nous nous séparâmes, mais tristes, mais rêveurs, mais

découragés et répétant machinalement ces mots :
La Charte, un prince patriote, des ministres patriotes, la cocarde tricolore.... Oh oui !.... là, il
y aurait de l'avenir ; là, il y aurait gloire et prospérité pour le pays.... Oui, mais entre ce rêve
et ce qui existe, il y a toute une révolution, une
révolution ! mot terrible et dont il n'est permis
à qui que ce soit de sonder toute la profondeur.

Eh bien, cette révolution, elle est faite.... Le
rêve de 1827 a cessé d'être un rêve.... Que dis-
je !.... tout n'a-t-il pas dépassé les espérances
d'alors ? Louis-Philippe, duc d'Orléans, n'est-il
pas aujourd'hui Louis-Philippe, Roi des Français ? La Charte de 1830 ne consacre-t-elle pas
bien d'autres libertés que celle de 1814 ? N'est-ce
pas à des mains patriotes qu'en est désormais confiée la défense ? Le drapeau tricolore n'ombrage-
t-il pas nos monumens, ne flotte-t-il pas au-
dessus de nos citadelles ? La France, en un mot,
n'est-elle pas, grace à ses héroïques enfans, re-
devenue libre et glorieuse ? Oui, certes, et ce-

pendant, chose étrange, chose pénible à dire, la France est inquiète et la grande famille est divisée.

A qui la faute? Aux évènemens? non, ils ont tous été pour elle. Aux gouvernans? non, quelques fautes qu'ils aient pu commettre. A qui donc? aux passions des hommes, aux passions seules, aux passions qui égarent et corrompent.

C'est donc la situation de la France, telle que de vilaines et coupables passions l'ont faite, que nous devons examiner, étudier; c'est ce que nous ferons; mais n'est-il pas rationnel de rechercher d'abord si le malaise moral qui tourmente la France, malaise aussi incontestable que fâcheux, n'est pas le résultat d'une organisation politique vicieuse, incomplète, anti-libérale, contraire aux intérêts nationaux, et de plus, antipathique au pays qui, personne n'osera le contester, a bien le droit de vouloir être gouverné suivant ses goûts et ses nécessités. Si là existe le mal, il est du devoir de tous les gens de bien d'appeler, par tous les moyens qui sont en leur pouvoir, une réforme générale ; mais si nous sommes amenés par l'examen à reconnaître que les passions seules troublent et agitent la société, ne serons-nous pas autorisés à regarder comme un mauvais citoyen quiconque refusera de les combattre et de participer au grand œuvre de la restauration de l'ordre.

Pardon, mon cher Eugène, de reprendre ici les choses d'un peu haut ; mais la question que nous traitons est grave, importante, et nous devons l'épuiser.

C'est avec une injustice persévérante que la France est accusée d'inconstance. Quand vous aurez lu, dans un esprit philosophique, son histoire, vous aurez vu que son amour pour la liberté a été chez elle un sentiment prédominant ; elle a cherché ce premier des biens à travers tous les obstacles et dans les temps les plus malheureux. Toujours il y a eu dans le cœur des Français cette conviction qu'ils étaient libres et

que leur pays est une terre de *franc-aleu*. Delà
ces résistances, tantôt violentes, tantôt sourdes,
tantôt régulières, tantôt désordonnées, contre
l'action arbitraire du pouvoir sous les différentes
formes de gouvernemens qui se sont succédé depuis l'époque où les communes furent affranchies jusqu'aux États-Généraux de Poitiers. Les
maximes et les principes reproduits si éloquem-
ment à la tribune de 89 ont été, dans l'absence
des États-Généraux, conservés avec soin par les
cours souveraines.

Dès l'origine de la monarchie, son axiome
fondamental était celui-ci : *Lex consensu populi
fit et constitutione regis.* Voilà ce droit des Français, droit dont tous les autres dérivent, qui
renferme en lui toutes nos libertés, qui fait des
fauteurs du pouvoir arbitraire de coupables no-
vateurs, et des amis de la liberté les défenseurs et
les vrais *Leudes* séculaires du pays.

La France fut calme ou agitée, heureuse ou
malheureuse, opprimée ou plus ou moins libre,

selon que l'on s'est éloigné ou rapproché de cette grande maxime nationale.

La loi se fait par le consentement du peuple, et la sanction de la loi appartient au Roi. L'alliance de la royauté et de la liberté a précédé chez nous l'invasion des Francs ; les capitulaires de Charlemagne ont saisi le droit et l'ont consacré tel qu'ils l'ont trouvé. C'est avec autant de justesse que de raison qu'une femme de beaucoup d'esprit a dit : *C'est la liberté qui est ancienne , c'est le despotisme qui est nouveau.*

L'intervention du pays dans ses affaires, son consentement aux lois qui lui sont présentées, et l'accession, la constitution royale , voilà tout notre droit politique.

Vous voyez quelle distance il y a entre un peuple qui, dès son origine, a levé une semblable bannière, et la domination fondée sur l'esclavage d'un peuple et les caprices d'un maître.

En 1789, la France a repris tous ses droits, et quand elle a posé pour principe que tout pouvoir émane de la nation , elle n'a fait que répéter ce que disaient nos pères : *Lex consensu populi fit et constitutione regis.*

Mais comment le peuple interviendra-t-il? Comment consentira-t-il? Quel sera le mode de l'accession du prince?

Lorsque nos pères, au Champ-de-Mai, et frappant sur leurs boucliers , annonçaient leur consentement, le peuple français n'était là bien évidemment que par représentation. Tous les Français, même en déduisant de leur nombre ceux qui, serfs ou attachés à la glèbe, ne pouvaient exercer de droits politiques, n'étaient certainement pas rassemblés dans le Champ-de-Mai, et la loi, consentie, sanctionnée par le Roi, n'en était pas moins la loi, et il ne venait à l'esprit de personne d'en appeler au suffrage universel. Il y a donc plus de mille ans que la force des choses introduisit chez nous une représentation nationale, à certaines conditions. Alors comme aujourd'hui, il fallait être homme libre , *liber ;* soldat , *miles ;* plus tard homme du clergé, *clericus ;* toutes conditions établies comme garanties ou présomptions de capacités.

Remarquez bien qu'alors comme aujourd'hui, c'est dans la propriété que la présomption ou garantie de capacité était cherchée. Tous les hommes libres possédaient, et les corporations religieuses étaient elles-mêmes propriétaires. Tout soldat ou chevalier était *Leude terrien* et plus tard seigneur féodal, vassal, arrière-vassal : aucun enfin dont le titre ne fût territorial.

Plus tard, lorsque sous Louis-le-Gros le premier coup mortel fut porté à la féodalité et au servage, les serfs, devenus citoyens dans les communes affranchies, entrèrent en possession du droit d'élire leurs magistrats, et les communes, devenues propriétaires, purent à ce titre, comme les corporations religieuses, député aux États-Généraux.

L'Assemblée constituante appela les Français, tous devenus libres, à l'élection des députés ; mais

à une élection graduée ; avec trois journées de
travail on eut le droit d'élire des électeurs qui,
à leur tour, élisaient des députés. Élection men-
songère, illibérale, et que les fauteurs du pouvoir
arbitraire, se faisant démagogues hypocrites,
vantent en connaissance de cause. Il n'y a d'élection vraie que l'élection directe. C'est ce que proclama si souvent l'immortel Fox et que me répéta
un jour son illustre neveu, aujourd'hui l'un des
ministres les plus éclairés de l'Angleterre.

L'élection directe fut donc un grand progrès,
dans ces derniers temps, sur l'organisation faite
par l'Assemblée constituante.

Aujourd'hui, si la condition d'une propriété
terrienne n'est pas exclusivement indispensable,
la possession d'un capital quelconque est exigée.
Pour être électeur, il faut un cens de 200 francs,
qui représente un revenu de 1,000 francs en terre
ou en capital industriel. Il faut un cens de 500
francs, représentation d'un revenu de 2,500
francs, pour être député.

Certes, des conditions de cette nature méritent-
elles l'injure d'être considérées comme une barrière aristocratique insurmontable et un mono-
pole criminel ? Sommes-nous hors des conditions
primitivement établies par nos pères , par les
assemblées du Champ-de-Mai? Oui, sous un rapport, en ce sens que nous les avons agrandies ,
rendues plus faciles, parce que, chez nous, il n'y a
plus de fiefs et que la puissance du commerce est
venue s'associer à la puissance territoriale. La loi
se fait donc réellement, aujourd'hui comme autrefois, *ex consensu populi,* et ce droit si précieux
s'élève et se fortifie par des élections hiérarchi-
ques qui descendent jusqu'à celles du conseiller
municipal et de l'officier de la milice citoyenne.

Ne vous laissez donc pas imposer par les déclamations de l'ignorance et de la mauvaise foi.

Le *consensus populi* ne suffisait pas pour que
la loi fût faite , il fallait, comme il faut aujour-
d'hui, *constitutio regis,* expression bien *monarchique,* bien significative , bien féconde !.. Le Roi

n'est point un simple exécuteur de la loi ; il est législateur lui-même ; il ne peut l'être seul, mais sans lui point de loi. Il la *constitue ;* s'il la *constitue ,* il l'accepte ; s'il ne la *constitue* pas, c'est qu'il ne l'a pas acceptée : *lex non facta est.*

C'est un grand acte que l'acceptation et la constitution d'une loi ; il exige un mûr examen. Cet examen veut un débat, ce débat veut une assemblée où il soit porté ; c'est dans le conseil, composé des officiers de sa maison, des principaux Leudes , des barons et des évêques , que cet important débat s'agitait , et le Roi ensuite *constituait* la loi, s'il y avait lieu ; c'est là l'origine d'une Chambre haute ou Chambre des pairs. Il est curieux de lire ce que dit à ce sujet , dans son histoire de Louis XII , le savant comte Rœderer, aujourd'hui pair de France.

Ce que je viens de dire ci-dessus s'applique principalement aux temps qui ont précédé l'établissement du système féodal. Dès que ce système eut envahi notre patrie, il n'y eut plus *consensus populi,* il n'y eut même plus de peuple ; il y eut des maîtres, des vassaux et des serfs, et les Rois, premiers entre leurs pairs, rabaissés à la condition de simples seigneurs féodaux, toutefois avec *suzeraineté,* n'eurent d'autre ressource que de relever eux-mêmes l'étendard de la liberté. Mais malheureusement la forme du gouvernement et la corruption du principe ne permirent point que la liberté portât tous ses fruits.

Parvenu au point où en est ma discussion, je n'aurais presque rien à y ajouter pour vous convaincre que nous sommes, d'une manière éclatante, remis en possession, avec accroissement et d'infinis avantages, des libertés françaises et que ce serait pour nous une honte éternelle et le plus affreux des malheurs, si nous nous laissions aller trop facilement aux conseils funestes d'une folle démagogie, comme nos pères ont été trop faciles dans leur confiance au pouvoir absolu. Il faut dire cependant à leur décharge que c'est par horreur de l'anarchie féodale qu'ils se sont jetés dans les bras d'un maître. Nous ferons mieux qu'eux ; par horreur de l'anarchie populaire, nous nous grouperons autour du Roi constitutionnel, Roi qui ne peut vivre et régner que par nos lois, que par nos libertés, et qui nous aurait donné plus que sa foi (si la foi d'un honnête homme n'était point la plus sainte et la plus forte des garanties) en engageant sa fortune, sa gloire, sa vie, sa famille.

Reportez-vous à la nuit du 4 Août 89, et vous verrez que cette seule nuit nous avait rendu toutes nos franchises et nous avait *submergés* de libertés.

Cependant ces libertés si riches, si abondantes, placées sous un gouvernement faible, ont subi plus d'un naufrage. Ce gouvernement était faible parce que les législateurs et le pays étaient en méfiance du monarque et de sa cour. Ce monarque avait eu des intérêts distincts de ceux que la révolution venait de créer ou de renouveler. Il devait la regarder comme une spoliation de ses droits. On ne voulut pas qu'il fût fort, dans la crainte qu'il n'abusât de sa force ; et le prince dépourvu de puissance , et le pays sans protecteur contre les passions mauvaises , furent précipités ensemble dans le même abîme.

Aujourd'hui , toute méfiance est injuste autant que funeste. Les destinées du peuple et du Roi sont inséparables ; que le Roi soit fort pour que la nation soit libre , que le Roi soit puissant pour que la nation triomphe de ses ennemis. Venir au secours du pouvoir est une nécessité pressante , une condition impérieuse.

Notre organisation politique telle qu'elle existe, telle que la Charte de 1830 l'a faite, se résume donc ainsi qu'il suit.

Un Roi héréditaire partageant l'initiative des lois avec une Chambre des Pairs viagère, d'institution royale, et une Chambre des Députés élective.

Un Roi , seul *constituant* ou sanctionnant la loi et la faisant exécuter sous le contre-seing de ministres responsables.

Des collèges chargés de l'élection des députés.

Telle est, dans son exactitude et dans sa simplicité, notre organisation politique. Elle n'est,
comme vous le voyez, que le développement de
notre vieille maxime : *Lex populi consensu fit
et constitutione regis.*

Mais la royauté a des attributions qui lui sont
exclusives.

1.º La distribution de la justice ; *toute justice
émane du Roi ;* il en délègue l'exercice à des magistrats inamovibles.

2.º Il est le chef suprême des armées de terre
et de mer ; il fait la paix ou la guerre, négocie et
conclut les traités.

3.º Administrateur suprême du Royaume, il
nomme à tous les emplois civils et militaires.

4.º Enfin il est la représentation vivante de la
majesté nationale.

Certes, rien de plus imposant que ces immenses attributions; mais si vous considérez les
choses avec un esprit dégagé de préjugés, vous

verrez que toutes sont conférées au prince dans un intérêt général, et que le *consensus populi* ou l'intervention du peuple dans la confection de ses lois est une barrière insurmontable aux envahissemens d'un pouvoir qui cesserait d'être tutélaire et durable du moment où il franchirait ses limites constitutionnelles.

La loi fait le budget, la loi détermine la force de l'armée; c'est donc entre les mains du Roi et des représentans du pays que sont remis la cause et le principe élémentaire de toute puissance. Si à cette garantie vous ajoutez la liberté de la presse, il vous sera bien démontré qu'il y a plus d'hypocrisie que de sincérité dans les déclamations des ambitions trompées ou d'un fanatisme sans lumières.

Il nous reste à voir si l'organisation administrative est en rapport avec l'organisation politique.

Plus un pays est libre, plus son administration doit être puissante, car l'administration n'étant que le moyen et l'application de la loi, et la loi seule devant commander, il faut que le commandement ait toute son autorité, toute son efficacité.

L'administration proprement dite, ou l'exécution, doit avoir une action *une*, simple, rapide. On l'a remise à l'unité.

L'exécution rencontre des difficultés, les intérêts sont heurtés ou croient l'être; il s'élève des réclamations, il faut les juger; pour juger, il faut délibérer; le jugement est donc subordonné à la délibération. On a été amené, par cette judicieuse division de l'action administrative, au résultat suivant :

On a confié l'exécution à un seul magistrat par département, à un préfet. Il est aidé dans chaque subdivision de son territoire par des sous-préfets qui lui sont subordonnés.

Le jugement qui doit intervenir sur réclamation appartient à un corps délibérant, le conseil de préfecture. Dans ces dispositions simples et

rationnelles, la part est faite au pouvoir exécutif;
mais de même que la France, par ses députés,
exerce son contrôle sur le gouvernement du pays
ou concourt aux lois qui le régissent, de même
aussi la province ou le département doit exercer
son contrôle sur l'administration locale et con-
sentir les dépenses extraordinaires ou spéciales
qui sont jugées nécessaires. Un conseil général,
produit de l'élection, se réunit au moins une fois
par an, et plusieurs fois, selon les besoins, auprès
du préfet, pour remplir cette importante mission.

Les conseils d'arrondissement, également élus,
s'assemblent aux mêmes époques pour instruire
les affaires dont la connaissance leur est attri-
buée, exprimer les vœux des localités, éclairer
la religion du conseil général et répartir ensuite
l'impôt sur les communes de leur ressort.

Cet impôt réparti sur les communes est ensuite sous-réparti dans chaque commune, par
des répartiteurs nommés par le conseil municipal, également produit de l'élection.

La loi assigne à chaque département sa part dans les contributions de l'année.

Le conseil général répartit le contingent du département entre les arrondissemens ;

Le conseil d'arrondissement entre les communes, et les répartiteurs entre les citoyens.

Je me répète, dans ce résumé, avec intention, et j'insiste pour que vous admiriez ce mécanisme si simple, si raisonnable, si bien empreint de justice et de légalité. Il en résulte que l'Administration ou les agens du pouvoir n'apparaissent en aucune manière dans les répartitions ; que les citoyens, par leurs représentans, leurs élus, interviennent exclusivement dans ce qu'on appelait autrefois le *département* de l'impôt, expression et attribution qui avaient rendu odieux le régime des intendans.

Analysez la ligne exécutive :

Des ministres responsables ;

Par département, un préfet ;

Par arrondissement, un sous-préfet ;

Par commune, un maire.

L'exécution marche, ainsi déterminée, directement et rapidement à son but.

A côté des ministres, les législateurs; du préfet, un conseil général ;

Du sous-préfet, un conseil d'arrondissement ;

Du maire, un conseil municipal.

Mon cher Eugène, ces belles dispositions ont frappé d'admiration les hommes éclairés de tous les pays qui en ont saisi le développement ; ces dispositions, vers lesquelles inclinent à se rapprocher tous les États européens, sont chaque jour méconnues chez nous par l'injustice des passions et l'ignorance honteuse de tant de faiseurs en politique. Là où il n'y a que simplicité, on veut voir complication ; là où il y a règle, on crie à la confusion ; là où il y a protection pour tous les intérêts, on crie à l'exception, à l'arbitraire ; là où le désordre est devenu impossible, on ne veut voir qu'infidélité et dilapidation.

Cet esprit d'analyse et d'édification ration-

nelle s'est appliqué comme de lui-même à
toutes les parties du service public. Jetez les
yeux sur celui du trésor national, vous y trou-
verez à-peu-près les mêmes règles, les mêmes
formes ; la recette est séparée de la dépense,
sage précaution que des brouillons ont voulu
détruire. Chaque payeur est un contrôleur *sur
pièces* de toutes les dépenses dans son département ; et cet immense amas de pièces, véri-
fiées à la comptabilité centrale de chaque ministère, vient, par double expédition, se concentrer
au greffe de la cour des comptes, où des jugemens
souverains fixent la situation de chaque compta-
ble ; et cela se fait avec une telle précision que
l'arrêt de conformité, rendu tous les ans par
la cour des comptes, doit être, en tout point,
en francs et en centimes, exactement semblable,
quant aux chiffres, aux comptes annuels que
rendent les ordonnateurs de chaque département ministériel.

Ce serait aller beaucoup trop loin que de parcourir toutes les parties secondaires de l'administration ; soyez assuré que la France est sous ce rapport aussi en avant des autres nations et même de l'Angleterre, qu'elle l'est par sa littérature et ses monumens. Ce mécanisme est tellement simple qu'il n'est point d'administrateur qui, au bout de six mois, n'en ait parfaitement saisi l'ensemble et apprécié les rouages. Les administrations spéciales qui se groupent dans chaque département autour du préfet et qui se rattachent, dans la capitale, chacune au centre qui lui est propre, sont des instrumens nécessaires qui concourent à l'action sans l'entraver.

Enfin, soyons Français ; nous serions excusables d'être partiaux envers nous-mêmes, qui pourrait nous reprocher de n'être que justes ?

Vous venez de voir, mon cher Eugène, que notre état politique et social, aussi bien que notre organisation administrative, sont de beaucoup supérieurs à ce que possèdent les nations voisines ; vous venez de voir, et vous vous en convaincrez bien davantage si vous rapprochez les améliorations notables que nous devons à la révolution de 1830, que l'un et l'autre répondent à tous les besoins, à tous les intérêts de la société, telle qu'elle existe aujourd'hui. Ne penserez-vous donc pas comme moi, que ce n'est point là qu'est le mal dont nous gémissons, et que c'est ailleurs que nous devons rechercher les causes de ce malaise moral qui nous inquiète et nous divise.

La Révolution de 1789 a doté la France d'immenses libertés ; mais, en mère aveugle et faible, elle a été au-delà de ce que lui commandaient une sage prévoyance, une tendresse éclairée ; elle s'est perdue et le pays avec elle.

L'Empire ne nous a donné que de la gloire ; mais au moins, sous son aigle victorieuse, l'ordre a remplacé la liberté; et la France, fatiguée d'anarchie, s'est consolée. D'ailleurs l'Empire n'était qu'un gouvernement de transition, une dictature.

La Restauration, forcée par les circonstances, nous a concédé à regret quelques libertés, qu'elle s'est depuis attachée, avec tant de persévérance, à nous reprendre les unes après les autres. Abandonnée de tous, elle s'est trouvée sans force à l'heure du danger.

La Révolution de Juillet a seule réintégré la France dans la plénitude de ses droits ; seule, elle a rétabli la monarchie constitutionnelle sur ses véritables bases. Elle seule aussi a de l'avenir.

Et cependant, cette révolution, de coupables passions se coalisent contre elle et veulent la perdre. Ces passions, il faut les combattre, je vous l'ai dit. Quelles sont-elles ? je vais vous le dire.

Je n'aime pas les révolutions et les restaurations sont des révolutions. J'ai trop vu des unes et des autres pour ne pas apprécier ce qu'elles valent. Montesquieu a fort maltraité les révolutions ; Fox n'a pas eu plus de ménagement pour les restaurations. C'est donc sous leur patronage que je livre mon opinion. Autrefois ces noms étaient d'un grand poids, ils eussent décidé la question. Aujourd'hui il n'en est plus de même,

à ce qu'il paraît, nous avons mieux que Fox et
Montesquieu; j'en félicite sincèrement mon pays.

Ce seul mot de révolution me remet en mémoire ces quatre vers de Voltaire que je ne ré-
siste pas au désir de citer :

Ainsi lorsque les vents, fougueux tyrans des eaux,
De la Seine ou du Rhône ont soulevé les flots,
Le limon croupissant dans leurs grottes profondes
S'élève en bouillonnant à la face des ondes.

Voici, en peu de lignes, l'histoire de toutes
les révolutions, ou plutôt les résultats inévitables de toute commotion politique. Nous aussi
nous avons notre *limon* qui bouillonne à la sur-
face, et ce *limon*, cette fange impure, ce sont
les coupables passions qui fatiguent et tourmen-
tent la société.

« Belle révolution, » répondait, en 1794, un
savetier à un administrateur qui lui refusait une
place qu'il sollicitait; « Je suis né savetier et je
» mourrai savetier. »

Ainsi parle l'ignorance présomptueuse.

« Je croirais manquer à ce que je dois au gou-
» vernement, comme patriote, si je ne de-
» mandais la place de.... qu'occupe en ce mo-
» ment un carliste, » m'écrivait, il n'y a pas
long-temps, un solliciteur qui, de prétentions
en prétentions, avait fini par se réduire à un
modeste emploi de cinquante louis....

Ainsi parle la vanité ambitieuse.

« La république, eh! mon cher, la républi-
» que a du bon, parole d'honneur! La France
» en veut, c'est le besoin de tous; moi, je vote
» pour elle, me disait, il y a peu de jours, un
» ancien maître d'hôtel de Charles X. »

Ainsi parle l'hypocrisie politique.

« Il faut, s'écriait un député dont je consens à
» taire le nom, faire gémir la génération présente
» pour le bonheur de la génération à venir. »

Ainsi parle le fanatisme.

« C'est un vilain métier, je le sais, disait der-
» nièrement le rédacteur d'une des feuilles les

» plus démagogiques de la capitale : qu'importe,
» ça fait de l'or. »

Ainsi parle la cupidité.

Eh bien! l'ignorance présomptueuse, la vanité ambitieuse, l'hypocrisie, le fanatisme politique, la cupidité, l'envie, voilà les mauvaises passions qui sont, selon moi, coupables au premier chef du malaise moral dont nous recueillons à chaque instant les tristes preuves.

Ce sont elles qui, dans leur fureur de destruction, ont juré haine implacable, guerre à mort à tout pouvoir qui ne voudrait point faire pacte avec elles. Leurs armes, c'est la calomnie, c'est l'injure, c'est l'outrage ; leurs moyens, c'est l'insurrection, c'est l'émeute. Charte, royauté, pairs, députés, ministres, magistrats, fonctionnaires, agens du pouvoir, quels qu'ils soient, grands ou petits, politiques ou non politiques, rien n'est respecté par elles, rien n'échappe à leurs grossières attaques. A les entendre, tout n'est que trahison, tout n'est que ligue et conspiration flagrante contre le pays. La Charte n'est qu'un *leurre*, qu'une déception ; la Charte n'est qu'une *intruse* qui occupe le fauteuil où devrait siéger le programme de l'Hôtel-de-Ville.

Le Roi !... c'est le premier ennemi du peuple, il a soif de son sang, de son or, il médite sa ruine, il veut sa perte !...

Les ministres !... ce sont les émissaires, les valets de la Sainte-Alliance....

Les pairs ! c'est la corruption, c'est l'incapacité sous toutes les formes !...

Les députés ! ce sont des prostitués !...

Les magistrats ! ils condamnent, donc, ils sont liberticides !...

Les fonctionnaires ! qu'ils soient honnis, insultés, vilipendés, charivarisés ! Eux seuls sont les véritables plaies du pays. Veulent-ils l'ordre ? veulent-ils faire respecter à-la-fois les personnes et les propriétés ? Qu'on les assassine, qu'on les tue ; on l'a fait à Paris, on l'a fait à Saint-Etienne, l'exemple est bon, il faut le suivre.

N'est-ce pas le langage qui, chaque jour, blesse nos oreilles et nous épouvante? Ces horribles imprécations contre le bonheur public, ces espérances criminelles, ces vœux sacrilèges, parricides; ne se libellent-ils point, chaque matin et sous mille formes? Journaux de toutes couleurs, de tous formats, pamphlets, caricatures, etc., etc., etc., ne sont-ce point les égoûts d'où s'échappent, à chaque instant, les coupables pensées de factions aussi odieuses qu'insolentes? Il n'est pas jusqu'aux murs de nos monumens, de nos maisons, qu'on n'ait essayé de rendre dépositaires des plus sales, des plus dégoûtantes, des plus stupides insultes.

Plût au ciel que, dans mon indignation toute citoyenne, toute française, j'eusse rembruni le tableau douloureux que je viens de vous mettre sous les yeux!... Mais, hélas! je suis encore loin d'approcher de la vérité.

Si de honteuses passions ont jeté le trouble dans le pays, on ne peut s'empêcher de reconnaître que ce n'est, en grande partie, qu'à lui-même qu'il peut s'en prendre du malaise moral qui l'agite et le divise.

Les passions donnent naissance aux factions, mais c'est dans l'ignorance, dans la faiblesse, tranchons le mot, dans la peur, dans la lâcheté de quelques-unes, que celles-ci trouvent des complices. Qu'on n'aille pas me dire que ces mots peur, faiblesse, lâcheté, ne sont point français; n'en déplaise à certaines personnes très - chatouilleuses en fait d'honneur national, ces mots sont de toutes les langues, je les retrouve dans notre dictionnaire aussi bien que dans tous les autres.

Du reste, en cette occurrence, les mots du dictionnaire peu m'importent; mais ce qu'il m'importerait beaucoup, ce serait de les voir répudiés par des gens que je n'hésite point à tenir pour bons époux, pour bons pères, pour bons fils; que je déclare réunir au plus haut degré toutes les vertus domestiques, mais que je n'hésite pas aussi à regarder comme de mauvais citoyens.

4

Il ne suffit point de monter exactement sa garde, de payer exactement son douzième ; si la loi ne nous impose point d'autres obligations, la plus simple raison, ce sentiment du bien, ce sentiment réellement patriote qui est au fond de tous les cœurs, ne nous disent-ils pas que nous avons encore bien d'autres devoirs à remplir, qu'une bien autre responsabilité pèse sur nous.

Crier *vive la Charte!* c'est parfait ; mais la défendre, mais combattre et repousser ceux qui veulent la renverser, c'est encore mieux.

J'aime le cri de *vive le Roi!* j'aime ceux qui le répètent lorsqu'il passe ; je les aimerais bien mieux si, en face de ses ennemis, en face de ceux qui l'insultent, qui l'outragent, qui le calomnient, ils avaient le courage de dire : « Arrière, ici sont les amis du Roi!... »

Mais on est faible, mais on est *précautionneux,* mais on tremble, mais on se retire, puis on ferme sa porte et l'on se dit : « Les misérables! »

Oui, sans doute, les misérables! mais, ces mi-

sérables, n'est-ce point dans votre pusillanimité
qu'ils puisent uniquement leur force ? Que de
gens oublient ce mot d'un homme d'esprit qui ne
cessait de répéter : «Combien, en 93, se sont laissé
couper le cou dans la crainte de se faire casser un
bras (*). »

Dieu me préserve cependant de vouloir enve-
lopper dans un même arrêt tous mes concitoyens ;
les exceptions sont nombreuses, je le sais, je le
reconnais heureusement pour l'honneur du pays,
pour l'honneur de l'humanité. La garde nationale

(*) Veut-on un exemple du degré d'abaissement auquel
peut conduire cette maladie de la *peur* en temps de révolution ? Qu'on m'écoute.

Dans une petite ville du ressort de l'ancien parlement
de Béarn, le comité révolutionnaire avait admis au nombre
de ses membres son ancien premier président, le marquis
de L... C..., l'un des seigneurs les plus riches et les plus
distingués de la province. On l'envoyait en mission patriotique et il était traîné à la remorque par un cordonnier
nommé Lacomme. Ce malheureux s'arrêtait dans les églises
dévastées, montait dans la chaire, et là, faisant les prédi-
cations les plus extravagantes : « Voulez-vous connaître,
» disait-il, ce que c'est qu'un aristocrate ? Je vais vous en

a été admirable de courage et de dévouement dans mille circonstances. Mais ceux-là même si braves le fusil à la main, en face de la mitraille carliste ou républicaine, une fois au logis, une fois l'arme déposée, rient les premiers d'une caricature qui insulte la royauté pour laquelle ils viennent de risquer leur vie, se contentent de hausser les épaules à la lecture d'un pamphlet bien séditieux, bien coupable, sans réfléchir que ce sont ces caricatures, que ce sont ces pamphlets, ces libelles qui égarent, corrompent, exaltent, et

» montrer un. Lève-toi, citoyen L... C...» Et l'ex-président, tapi au fond de la chaire, se levait et montrait ses cheveux blancs si long-temps décorés du mortier magistral.

« Voyez, c'est un aristocrate, mais c'est un bon aristo-
» crate; nous buvons son vin, nous mangeons ses poulets
» et il nous donne son argent. Va, mon ami L... C...,
» vas seller la jument. » Et l'ami L... C... obéissait.

Ah! si la Société des Droits de l'Homme triomphait et faisait du chemin dans le progrès, ne pourrait-il pas arriver un jour que certaines gens, faisant aujourd'hui du radicalisme par peur, à la remorque de quelques apôtres révolutionnaires, allâssent, comme le président L... C...,
seller la jument de nouveaux Laçomme.

tôt ou tard amèneront l'émeute qui, de nouveau, les forcera de reprendre les armes. S'ils passent sur le siége des jurés, le cœur leur manque.

Qu'il en serait autrement si chaque citoyen aujourd'hui avait le courage d'arborer ouvertement son drapeau et de fermer sans pitié sa porte à ces écrits odieux qu'enfantent le délire et la rage des factions, et qui n'ont de vie que parce qu'on leur en donne.

Aux causes que je viens de signaler viennent s'en adjoindre d'autres non moins frappantes.

La Révolution de Juillet a mis la France en présence de deux systèmes qui, dès leur naissance, ont pris nom et position. Le système du *mouvement*, le système de la *résistance*, ont divisé non seulement la nation, mais encore les hommes d'état qui, les premiers, dans ces circonstances critiques, reçurent la direction des affaires.

Le cabinet de 1830, mi-résistance, mi-mouvement, marcha, mais marcha péniblement. Il fallait s'y attendre ; en effet, comment pou-

vait-on espérer une action franche, *une*, si-
multanée, d'une réunion d'hommes divisés de
principes, d'intentions, je pourrais presque dire
d'affections ?

Cette absence complète d'unité, cette défiance
réciproque étaient fâcheuses pour le ministère
autant que pour la France, car à ce ministère
étaient remises les questions les plus irritantes,
les plus graves, les plus vitales.

Je ne prétends point traiter ici la question
étrangère, j'y reviendrai plus tard. Je m'occu-
perai exclusivement de la situation intérieure du
pays; c'est le but de cette lettre, je ne veux point
m'en écarter.

Une des mesures les plus nécessaires et qui dut
appeler de suite la sollicitude du cabinet, fut le
renouvellement du personnel dans tous les services publics. La raison disait de ne marcher
qu'avec la plus excessive circonspection sur un
terrain aussi dangereux. L'esprit révolutionnaire,
au contraire, s'écriait : « Place aux hommes nou-

» veaux , place à mes hommes, guerre à qui n'a
» pas été toujours avec et pour moi. »

La raison voulait que l'on tînt compte des existences, des vieux services, des capacités, des positions; l'esprit révolutionnaire voulait table rase. Malheureusement il ne fut que trop écouté, et comme il arrive toujours après une commotion violente, ceux-là qui crièrent le plus fort, furent les mieux traités.

Sans faire beaucoup d'heureux , le pouvoir fit beaucoup de mécontens. Ces mécontens furent non-seulement ceux que l'on expulsa , mais encore ceux qui prétendaient et qui ne purent arriver. Toutes les médiocrités , toutes les incapacités étaient devenues ambitieuses, tout le monde avait été aide-de-camp du général Lafayette , tout le monde avait combattu dans les trois journées , tout le monde avait fait *un Roi*. Les ambitions, on le sait , ne s'arrêtent point, une fois que le champ leur est ouvert. On avait vu des hommes supérieurs prendre de suite une haute position, l'on se dit : pourquoi n'arriverais-je pas, car, moi aussi, je suis supérieur ! Que d'écrivains obscurs se dirent également : Celui-ci a été écrivain, professeur, il est ministre ; celui-là a fait des journaux, il est ministre ; pourquoi, moi, moi qui aussi ai écrit, moi, qui aussi ai fait des journaux, pourquoi ne serais-je pas quelque chose ?

La manie des places a été de tout temps la maladie du pays ; elle existait sous la Restauration ; Juillet, loin d'en guérir, devait nécessairement en étendre les progrès, en rendre les accès plus fréquens. Aujourd'hui, tout est objet d'envie, il n'est point jusqu'au garde-champêtre dont on ne jalouse le sabre, la plaque, les modestes et pénibles fonctions. Que dis-je ? voulez-vous savoir jusqu'où peut aller cette fureur de recueillir sans avoir semé, de jouir sans avoir rien fait ou du moins sans beaucoup faire ? Écoutez-moi.

Un fonctionnaire d'une ville voisine de la capitale apprend, dans la matinée, la mort d'un *fonctionnaire* sous sa surveillance , et dont le remplacement est en quelque sorte laissé à son libre arbitre; la place vaut cent louis. Quelques heures après , vingt-deux demandes lui parvenaient ! ! ! Cent louis, me direz - vous, c'est beaucoup ! vingt-deux demandes ! mais ce n'est rien !

C'est selon , laissez-moi parler :

Quel était ce fonctionnaire , heureux dispensateur de cet emploi de cent louis , qui éveillait si subitement vingt-deux ambitions ?

C'était le procureur de la cour royale de......

Le fonctionnaire décédé.... c'était... le bourreau ! le bourreau , entendez-vous ? et dans la même journée vingt-deux postulans ?

Qu'en pensez-vous ? Est-ce peu ? — Cent louis ? Est-ce trop ?...

Je ne sais, mais cette anecdote , dont je puis vous garantir l'authenticité , me semble caractéristique.

Je disais que, lors du renouvellement du personnel administratif en France, l'esprit révolutionnaire ne fut malheureusement que trop écouté. Qu'en résulta-t-il? C'est que les fonctionnaires eux-mêmes, défians, inquiets ou devenus hommes de parti, se laissèrent aller à certaines influences dont le moindre inconvénient ne fut pas celui de rompre cette espèce de confraternité, ces liens qui doivent exister entre les serviteurs d'un même gouvernement.

Les uns furent des *hommes de Juillet*, les autres des *hommes de la Restauration*. On ne voulut point voir que quiconque sert l'État doit être, avant tout, l'homme du pays, et qu'on ne peut lui demander compte de ses opinions que lorsqu'il les déclare ouvertement hostiles, ou que, par ses précédens ou sa conduite actuelle, il donne lieu à de justes préventions. De là défaut d'ensemble, défaut d'harmonie, défaut de bon accord entre gens dont le but, dont la pensée unique devaient être de servir bien et loyalement.

Au premier cabinet en succéda un autre qui fit bientôt place à un troisième. Celui-là fut ouver-

tement de la résistance. Chaque ministre avait
successivement introduit ses amis dans l'administration , qui , composée d'hommes de Juillet ,
d'hommes de la restauration , d'hommes de la
résistance, d'hommes du mouvement , plus que
jamais divisée , ne marcha qu'avec indécision ,
souvent avec faiblesse, et créa sur quelques points
au gouvernement des difficultés aussi réelles que
graves. La Révolution devait nécessairement dé-
tendre les ressorts du pouvoir, et, par suite, ceux
de l'administration. Privée de la force que lui donnait jadis une impulsion *une* et énergique, elle
lutta souvent avec désavantage contre les factions
auxquelles mêmes quelques fonctionnaires ne rou-
girent point, dans certaines localités, de tendre
ouvertement la main.

En révolution, les concessions sont rarement
heureuses ; elles ne font que redoubler l'audace
de ceux que l'on combat et ne rallient personne.
La force seule, non pas la force brutale , mais une
force raisonnée , un maintien ferme et calme,
inspirent estime et confiance.

Le système électif introduit en France et sur une échelle aussi large, a dû également, sans aucun doute, contribuer à répandre dans le pays cette soif de parvenir que je regarde , et je crois avec raison, comme une des principales causes du malaise qui tourmente la société. L'élection a créé partout de petites influences qui, toutes fières d'une position inattendue, ont songé de suite à en tirer parti. Que de gens ne regardent aujourd'hui l'épaulette d'officier et même le galon de laine que comme un premier pas vers une situation meilleure? Que de gens aussi ne briguent les honneurs de l'écharpe ou du conseil municipal que comme un premier échelon? Ainsi, alors que jadis les influences venaient du pouvoir, aujourd'hui c'est presque toujours dans un esprit d'opposition au pouvoir qu'elles s'élèvent et se fortifient. Je dis un esprit d'opposition, parce que , par l'opposition, on espère se faire valoir, et, par la suite, se donner à meilleur prix.

Tels devaient être, du reste, les résultats d'une

organisation toute nouvelle , organisation qui
finira par créer d'autres mœurs réellement constitutionnelles dont l'absence se fait sentir, et au
développement desquelles contribueront singulièrement les dernières dispositions législatives,
sur l'instruction primaire.

Ce serait en toute justice de cause que l'on
pourrait rejeter en partie sur la restauration le
malaise actuel de la société. Antipathique au pays,
la Restauration avait contre elle le dégoût du passé
et l'inquiétude de l'avenir. La crainte de voir
perdre des droits acquis et renaître des privilèges
détestés avait donné naissance à une opposition
forte et nationale. Par cela seul que la source d'où
il émanait était suspecte, par cela seul le pouvoir
n'inspirait que mépris et défiances, et se trouvait
en butte matin et soir à des inculpations plus ou
moins fondées, mais qui, répétées, propagées par
une presse habile et passionnée, se répandaient
dans le public et achevaient de désaffectionner
ceux-là même que l'espérance d'un meilleur ave-

nir pour la France avait rattachés, dans les premiers jours, au système politique de la Restauration. Le gouvernement, déserté par ses plus anciens, ses plus fidèles amis, voulut rentrer dans les voies constitutionnelles, il n'en fut pas le maître ; n'était-il pas déjà dominé par cette faction qui l'entraîna plus tard dans l'abîme. Plus il devenait faible, plus il crut devenir fort en devenant exclusif et tranchant. Gouvernement de parti lui-même, il voulut faire de l'administration un instrument de parti. Qu'arriva-t-il? Le parti était odieux, l'instrument le devint. Il suffisait d'être fonctionnaire pour être réputé hostile au pays. Dans les salons, dans les entretiens particuliers, il n'était question que des excès du pouvoir, que des fautes de l'autorité. Depuis le percepteur jusqu'au préfet, tout était pâture pour l'Opposition. Chaque café, chaque estaminet avait son club, ses orateurs, ses journaux. Quant à la magistrature, son point d'appui n'était nulle part, et si parfois elle recevait un témoignage de respect et de considération, ce n'était que lorsqu'elle manifestait quelque indépendance, lorsqu'elle se faisait elle-même Opposition.

Cette manie de fronder l'autorité, de dénigrer ses moindres actes, a survécu à la Restauration. Aujourd'hui encore, on ne se persuade pas que l'on peut être préfet, sous-préfet, maire, voire garde-champêtre, sans viser à l'arbitraire, au despotisme, sans vouloir autre chose que le bien public.

Ces dispositions sont fâcheuses et le sont d'autant plus que (il ne faut pas se faire illusion) elles ne disparaîtront qu'avec le temps et lorsque, dans chaque localité, des hommes honorés pour leurs précédens, considérables par leur position, auront pris à tache de ramener peu à peu la population qui les écoute et les aime, à une appréciation plus vraie, plus juste des services publics.

L'élection, on devait l'espérer, aurait dû donner une direction autre aux esprits; bien au contraire, voyez autour de vous, nos députés, nos maires, nos conseillers municipaux, échappent-ils au sort réservé à quiconque exerce le pouvoir?

Je me résume, mon cher Eugène.

Avec toutes les conditions, avec tous les élémens qui peuvent assurer paix, dignité, prospérité à une grande nation, la France est inquiète, et la grande famille est divisée.

Je crois vous avoir prouvé que le malaise qui la tourmente n'est point le résultat d'une organisation politique ou administrative incomplète, injuste, illibérale, tyrannique, mais bien de passions criminelles qui sèment et répandent l'effroi dans le pays et créent des résistances là où il ne devrait y avoir qu'union et concorde.

Ce sont ces mêmes passions qui mettent constamment en présence deux principes également envahisseurs et qu'un pouvoir fort, modérateur, national, peut seul contenir dans de justes bornes; je veux parler du principe aristocratique, du principe démocratique ou , pour m'expliquer plus clairement , du principe monarchique , du principe républicain.

Ce dernier serait néanmoins sans force , s'il n'avait pour lui cette anarchie morale qu'il exploite avec autant de perfidie que d'habileté ; quoi qu'il en soit cependant , il serait loin d'être un objet de crainte , si le principe monarchique ne s'était pas divisé.

Monarchie absolue , monarchie constitutionnelle , voici ce que portent sur leurs bannières les deux partis qui se disputent le terrain monarchique.

Dans ce conflit , me demanderez-vous, mon cher Eugène, que devient la France?

La France , monarchie constitutionnelle , lutte également contre l'absolutisme et la république, et de plus, elle se voit souvent réduite à combattre ses propres enfans, qui ne savent ni la défendre , ni la comprendre peut-être.

Cette situation est pénible, douloureuse, vous

me direz. Je le dirai comme vous, elle est douloureuse , dangereuse peut-être, désespérée, non sans doute. — Où donc est le remède ? — Dans de bonnes élections, dans les élections prochaines.

Maintenant si je vous prouve que la France ne veut que ce qu'elle possède, si je vous prouve que l'opinion républicaine n'est que l'opinion d'une faible minorité ; qu'il en est de même de l'opinion légitimiste , n'est-ce point vous dire implicitement là où se trouve la majorité , là où se trouve la France? Or le bon sens et le cœur ne vous disent-ils pas de ne voter qu'avec elle et pour elle ?

Entrons maintenant en matière.

III.

LA FRANCE EST-ELLE RÉPUBLICAINE ?

République !.... ce mot ne frappe mon oreille
que d'un son lugubre et sinistre......; mais aussi
la puissance des souvenirs est immense pour quiconque a long-temps vécu ; elle domine toutes
les pensées, et si, parfois, elle semble s'éteindre,

un mot, un seul mot suffit pour la réveiller et lui rendre toute son action.

Je ne prétends donc point vous le cacher, il m'a fallu, pour commencer cette lettre, surmonter une répugnance véritable. Mais en France, en 1834, en présence d'une génération décimée, mutilée par la République, oser en prêcher les doctrines, en exalter les bienfaits, la gloire, en prédire le retour, c'est bien audacieux, n'est-ce pas; n'est-ce pas encore plus extravagant? Et pourtant voyez ce qui se passe, ce qui se dit chaque jour autour de nous.

Pourquoi non? me répondra-t-on; la France n'est-elle point républicaine, et *le grand tort de Louis-Philippe n'est-il point d'être Roi d'un pays républicain?* (*)

La France républicaine! et comment? et depuis quand? et pourquoi?... La France républi-

(*) C'est cette question qu'a traitée sérieusement un journal grave et qui vise à la logique : je le cite, c'est le *National.*

caine! mais c'est une plaisanterie ou une odieuse calomnie. — C'est vous qui fermez les yeux à la lumière, c'est vous qui reculez devant l'évidence des faits, c'est vous enfin qui ne voulez voir la France républicaine qu'à travers vos antipathies haineuses, vos préjugés gothiques. Arrière, vieillard, tu n'es plus de notre temps, la tombe te réclame, que la terre te soit légère!...

Est-ce bien vrai, mon cher Eugène, que l'expérience du passé est désormais chose complétement perdue pour les autres? est-ce bien vrai que l'histoire n'a plus d'enseignemens? est-ce bien vrai que tout est né d'hier, que le siècle qui court a rompu avec le siècle qui l'a précédé? n'est-ce plus enfin que par commisération qu'il nous est permis, à nous, gens d'un autre temps, au dire de quelques-uns, gens de l'autre monde, de fouler encore cette terre où la vieillesse ne rencontre plus que mépris et dédain?

Non, mon vieil ami, me répondez-vous, vous êtes encore notre maître, parlez, je vous écoute.

Eh bien ! soit , je parlerai ; puissiez-vous me comprendre , puissé-je vous convaincre ?

La France veut la République , on le dit ; il serait plus juste de dire : il existe en France un parti qui veut la République.

Ce parti se compose de jeunes gens qui ne savent pas , et qui, sans s'en douter, suivent l'impulsion de gens *habiles* qui savent, eux , et qui trouvent commode d'exploiter à leur profit, et sans danger, cette exaltation généreuse qui porte la jeunesse vers tout ce qui lui semble avoir le cachet de la grandeur et du bien public.

Ce n'est, du reste, qu'avec méthode et progressivement qu'ont marché *les habiles* dont je parle et dont les plans, adroitement conçus et astucieusement conduits, n'ont eu que trop de succès.

Vive la Charte! tel a été leur premier cri ; rien de mieux, et la France entière a crié *vive la Charte.*

Vive la liberté , ont-ils dit ensuite. La liberté est une bonne et excellente chose, et , comme eux, on a crié *vive la liberté;* seulement, il eût peut-être fallu leur demander ce qu'ils entendaient par ce mot de liberté, mot d'une acception large et qui se prête merveilleusement à toutes les combinaisons.

« Il n'y a point de mot (c'est Montesquieu qui
» parle) qui ait reçu plus de significations et qui
» ait frappé les esprits de tant de manières que
» celui de liberté. Les uns l'ont pris pour la faci-
» lité de déposer celui à qui ils avaient donné un
» pouvoir tyrannique ; les autres pour la faculté
» d'élire celui à qui ils devaient obéir ; d'autres
» pour le droit d'être armé et de pouvoir exer-
» cer la violence ; ceux-ci pour le privilège de
» n'être gouvernés que par un homme de leur
» nation ou par leurs propres lois. Certain peu-
» ple a long-temps pris la liberté pour l'usage de
» porter une longue barbe, ceux-ci ont attaché
» ce nom à une forme de gouvernement et en
» ont exclu les autres....... Chacun a appelé
» liberté le Gouvernement qui était conforme à
» ses coutumes ou à ses inclinations. »

De nos jours, ce mot de liberté est devenu bien autrement élastique.

Certains avocats ont vu la liberté dans le droit d'insulter impunément à la magistrature; certains écrivains, dans celui d'outrager en toute sécurité la couronne ; le journaliste de la rue, dans le vagabondage de ses crieurs ; l'émeutier, dans les lanternes brisées ; le charivariseur, dans ses chaudrons fêlés et discordans.

Ce sont, il faut le reconnaître, des acceptions toutes nouvelles et auxquelles Montesquieu n'avait point songé, mais aussi, on ne songe pas à tout, puis d'ailleurs, comme ils le prétendent, Montesquieu a vieilli et n'est plus à la hauteur.

J'ai donc raison de dire qu'on a commis une faute quand on n'a point sommé certaines gens de s'expliquer sur ce mot de liberté que l'on fait depuis quelque temps retentir avec tant d'emphase sur nos toits et dans nos carrefours.

Adroits et persévérans, *les habiles* se sont enfin décidés à lâcher ou plutôt à faire lâcher le grand

mot : *Vive la République*, a-t-on dit un matin ;
à ce cri, chacun de s'étonner et de tourner les
yeux vers le pouvoir. Soit faiblesse, soit système,
le pouvoir s'est tu. On redoubla, on s'encou-
ragea, on s'exalta, on finit par planter ouvertement le drapeau de la République, par se
constituer en état patent d'hostilité contre la
constitution, contre la royauté établie.

La guerre une fois déclarée, le parti républicain sentit bientôt que le terrain manquait sous
lui et qu'il fallait marcher en avant, ou se ré-
soudre à périr ; or, comme cette dernière ressource est la ressource extrême, en attendant
mieux, on s'arma d'audace, on cacha sa faiblesse
sous le masque trompeur d'une apparente popularité, d'une sympathie factice, on se grandit,
on grossit sa voix pour faire peur.

En révolution, disait Collot-d'Herbois, quiconque s'arrête est écrasé. — Osez, disait
Saint-Juste, ce mot est toute la politique des
révolutions. — En révolution, que faut-il ? de

l'audace, encore de l'audace, toujours de l'audace, disait Danton (*).

La politique de nos républicains modernes n'a
pas, comme on le voit, le mérite de la nou-
veauté ; mais, c'est qu'aussi il n'y a rien de
nouveau sous le soleil. De tous temps, les mêmes
passions ont reproduit les mêmes sottises, les
mêmes excès.

En 1792 (je parle d'après un écrivain con-
temporain) il existait en France quatre partis
distincts :

1.º Les royalistes absolus, qui voulaient le rétablissement de la monarchie absolue, tenaient à
l'ancien ordre de la noblesse, et qui, sans influence au-dedans, n'en avaient au-dehors que
par suite de leurs intrigues avec quelques cours
étrangères.

C'est ce parti qui, plus tard, a fait Coblentz.

(*) Danton a dit aussi : En révolution, l'autorité appartient aux plus scélérats.

2.º Les royalistes constitutionnels, attachés à la constitution de 1791, appartenant à toutes les classes et formant l'immense majorité des Français.

C'est ce parti que comprima plus tard le parti républicain.

3.º Les républicains, faction peu considérable avant le 10 Août, mais qui se faisait remarquer par une réunion brillante de savans, d'hommes de lettres, d'avocats, séduits par les souvenirs de la belle antiquité ou par de spécieuses théories.

C'est ce parti qui forma la Gironde et qui fut écrasé plus tard par la faction de Robespierre.

4.º Les anarchistes, ce levain corrupteur qui se trouve au fond de chaque peuple, et qui tôt ou tard amène la dissolution de l'ordre social.

C'est de ce mauvais levain en fermentation que sortirent les élémens de la faction sanguinaire de 93.

A quelques nuances près, les mêmes partis se

représentent aujourd'hui. Nous avons nos absolutistes, nous avons nos royalistes constitutionnels, nous avons nos républicains, nous avons nos anarchistes.

Nos républicains se divisent en deux classes qu'il ne faut pas confondre.

Les uns espèrent rallier par là discussion ceux qui repoussent encore leur système.

Ce sont *les doctrinaires* de la République.

Les autres, au contraire, reculent devant le moindre examen, et, de par le sabre et l'émeute, prétendent imposer un Gouvernement dont ils ignorent les principes, dont ils ne recherchent pas même le mécanisme.

Ce sont *les Montagnards* ressuscités.

Avec ces derniers tout raisonnement est impossible. Avec les premiers on peut converser, discuter : c'est à ceux là seuls que je m'adresserai.

La France, dites-vous, était républicaine en 1830 ; elle était républicaine à l'Hôtel-de-Ville ; elle était républicaine depuis la Bastille jusqu'aux

Tuileries, depuis le Panthéon jusqu'à la Grève, jusqu'à la place de la Bourse, partout enfin où il y avait combat. C'était pour la République, pour la République seule qu'elle se battait, et dans les journées de Juillet, la République seule a triomphé.

A cela, je répondrai d'abord que la France n'est point uniquement à Paris ; puis je demanderai comment il se fait que, dans ce conflit si violent, si acharné, dans ce conflit qui s'est prolongé pendant trois longues journées, à peine quelques cris de *vive la République* se soient mêlés aux cris de *vive la Charte*, les seuls qui animassent au combat les citoyens armés, les seuls qui trouvassent de l'écho dans toutes les classes, dans tous les rangs.

Comment se fait-il qu'à peine le nom du duc d'Orléans prononcé, ce nom fut reçu avec une unanimité, un enthousiasme, qu'aucune plume du monde, quelqu'exercée, quelqu'inspirée qu'elle pût être, ne saurait décrire?...

Comment se fait-il que les mots de royauté citoyenne, de royauté populaire, se trouvèrent de suite dans toutes les bouches comme dans tous les cœurs?

Où était donc cette République si impatiemment attendue, si ardemment espérée, si merveilleusement conquise? Était-elle par hasard là où était la Légitimité, que l'on cherchait partout et qui ne se trouvait nulle part? La République, dès les premiers jours de sa naissance, aurait-elle redouté la lumière? Effrayée du peu de sympathie qu'elle rencontrait à son entrée dans le monde, aurait-elle fui vers les provinces?..... Mais Lyon, mais Bordeaux, mais Rouen, mais Nantes, mais Lille, mais Le Hâvre, n'ont-ils pas pris les armes en même temps que la capitale? Ces villes, qui ont aussi leur importance, qui sont aussi la France, ont-elles arboré un autre drapeau que celui de la Charte et de la Royauté? N'ont-elles pas applaudi à la marche triomphale du prince patriote que le flot populaire portait à l'Hôtel-de-Ville? N'ont-

elles point sanctionné, par la plus manifeste approbation, la résolution prise par les députés
courageux qui, dans ces terribles événemens,
répondirent si complètement à ce que la France
attendait de leur patriotisme et de leur expérience? Dans les moindres localités, dans nos
villages, dans nos hameaux, par-tout enfin la
France ne s'est-elle point montrée exclusivement
monarchique? Oh! en face d'une pareille spon-
tanéité, en face d'un élan si général, si énergique,
bien mal avisé eût été quiconque aurait osé prononcer d'autre nom que celui de Charte, Monarchie, Orléans.

Non, en 1830, la France ne fut pas un seul
instant républicaine. L'est-elle devenue depuis
nos immortelles journées? Examinons.

Encouragée par la faiblesse d'un pouvoir dont
je ne puis méconnaître les bonnes et loyales intentions, mais dont aussi je ne puis me dispenser
de signaler la marche indécise, la faction républicaine a échafaudé sa tribune par-tout où elle a

cru trouver un auditeur pour l'entendre, des passions pour lui répondre. D'accord sur le but, l'a-t-elle été sur les moyens? Alors qu'elle offrait la République aux passans, leur a-t-elle dit : Ma république, la voilà; car, en fait de république, il y en a de toutes sortes; il y en a (qu'on me passe le mot) de toutes les qualités. A-t-elle dit : Ma république à moi, c'est celle de Rome avec ses patriciens, ses comices, ses tribuns, ses consuls, ses empereurs et ses esclaves; ou bien c'est celle de Lacédémone avec son brouet noir et ses lois somptuaires; ou bien c'est celle d'Athènes avec ses Archontes à vie, puis décennaires, puis annuels, tant l'esprit démagogique est envahissant. (Il est bon de rappeler en passant que c'est à la république d'Athènes que l'on doit ce code draconien devenu si fameux dans l'histoire, et qui ne trouve son pendant que dans les fastes de la république française de 93?)

A-t-elle dit encore : Ma république, c'est la république princière et fédérative de l'Allemagne,

c'est la république de la Suisse , mi-partie d'aristocratie et de démocratie , c'est la république
batave avec son statoudhérat, c'est celle des
Etats-Unis , c'est.... Je m'arrête ; je me hâte de
dire que la faction n'a rien spécifié, ou plutôt,
qu'à tout événement elle a fait magasin de tous
les gouvernemens républicains connus jusqu'à
nos jours, de toutes les républiques possibles,
pour en tenir à la disposition de tous les goûts,
de toutes les passions, de tous les intérêts. J'ajoute
cependant qu'elle a passé sous silence la république de Platon ; je le conçois, et pour cause.

Certes, avouez, mon cher Eugène, que c'est
déjà chose bien fâcheuse pour un parti qui vise
au prosélytisme, qui a la prétention de convaincre, que de ne pouvoir se mettre d'accord
avec ses propres amis et de se trouver dans l'impuissance de formuler ses principes.

Une feuille, organe du parti républicain , en
quelque sorte sa sentinelle avancée, a senti combien la position était fausse. A ses risques et périls,

6

elle a pris l'initiative, a voulu avoir ouvertement sa république, et, la déclaration du citoyen Robespierre à la main, elle s'est présentée au public avec 93, sa Convention, ses quatorze armées, ce qu'elle a pu faire de grand et de glorieux, en ayant soin toutefois de ne souffler mot de ses comités de salut public et de ses échafauds.

Les *doctrinaires* du parti se sont élevés contre ces *effrontés sectaires*; ils les ont reniés, et ceux-ci, à leur tour, ont bafoué leurs maîtres. La République, se croyant adulte, a voulu marcher, elle a trébuché; elle a voulu combattre, elle a été vaincue; elle a voulu agir, elle n'a pu que hurler sur les places publiques. Cependant aujourd'hui, à entendre certains faiseurs, il n'est plus question de républicaniser la France; l'œuvre est accomplie, la France est toute républicaine.

Il est bien vrai qu'il existe encore de par le monde un Roi qu'on nomme Louis-Philippe, qui règne et perçoit des impôts, entretient des armées, envoie des ambassadeurs, négocie et traite avec l'Europe; qu'importe? la France n'en est pas moins républicaine, elle l'est de par MM. tels et tels qui, eux seuls, font l'opinion publique. Enfin, la République vit et Louis-Philippe croit vivre.

Cette conversion subite mais inaperçue vous étonne, mon cher Eugène; je le conçois. Elle en étonnerait beaucoup d'autres.

En effet, par quel charme magique la République en est-elle venue à ses fins, a-t-elle opéré cette étrange métamorphose?

C'est sans doute, me direz-vous, en laissant entrevoir au pays un avenir tout de gloire et de liberté, en lui mettant sous les yeux la plus riante perspective, du calme, du repos, de la paix, de l'abondance; enfin tous les bienfaits que l'on peut espérer, que l'on doit attendre d'un gouvernement sage, modéré, protecteur, paternel. Vous n'y êtes pas, les républicains de nos jours, ont bien d'autres talismans, ont bien d'autres prétentions. C'est, le croirez-vous, en exhumant le passé, en évoquant les ombres de Marat et de Robespierre, en rappelant enfin 93 et son hideux cortège, qu'ils prétendent nous faire républicains. C'est curieux, n'est-ce pas? et cependant, rien de plus vrai.

Dans son inconcevable aveuglement, dans son audacieuse frénésie, la République aujourd'hui n'hésite plus à dérouler sous les yeux de chacun son gouvernement modèle. Ne l'entendez-vous point s'écrier: « C'est admirable! c'est sublime! » Si, malgré tout, vous détournez les yeux : « Eh ! quoi, vous dira-t-elle, vous n'êtes pas enthousiasmé? Votre cœur ne bat pas au seul souvenir de cette époque de gloire et de liberté? Allez, vous n'êtes point patriote ; allez, enfant ingrat, la patrie vous renie, et nous, nous qui sommes la patrie, nous vous inscrivons sur nos tablettes, et gare à vous, le jour où la justice populaire levera son bras. »

Tout en tirant l'épée contre la royauté, contre

ce qu'elle appelle l'aristocratie, la République a-t-elle au moins ménagé ce tiers-état qui seul est la force d'un pays? Elle s'en est bien gardée.... Le tiers-état, fi donc! mais ce n'est pas le peuple que le tiers-état, c'est encore de l'aristocratie; c'est même pire, c'est de la bourgeoisie, et tout le monde sait que la bourgeoisie c'est la plaie du pays, c'est la plus grande ennemie de la liberté.

« Les dangers intérieurs viennent des bour- » geois, écrivait Robespierre à une autre époque; » pour vaincre les bourgeois, il faut rallier le » peuple. » — « Combattons cette classe d'êtres » monstrueux, vampires de la société, sangsues » de tous les peuples, êtres vils et méprisables » que l'on nomme négocians, » s'écriait Achard (l'un des fervens de *l'incorruptible*), le 18 Pluviose an II, dans une société populaire. — « Nous » n'avons ni bourgeois, ni négocians, » écrivait de Bordeaux un homme qui vit encore et que, par grace, je ne nomme pas; « nos comités sont » parfaits, il n'y a que de francs sans-culottes. »

— « Il faut rendre justice à Carrier, écrivait de
» Nantes un autre républicain , il a tué le négo-
» ciantisme. »

Ce que disaient nos républicains de 93 , nos
républicains de 1834 le pensent et le disent.

La France est républicaine !... Eh ! bon Dieu,
pourquoi serait-elle républicaine ?

Je commence par demander d'abord s'il est à
supposer qu'un pays consente, pour servir les passions de quelques-uns, à signer lui-même son arrêt
de mort, à se suicider ? Non , certes, s'il existe
encore dans ce pays un tant soit peu de raison.
Nous nous en rapportons maintenant à tout
esprit judicieux ; ne serait-elle point à jamais
perdue, le jour où elle céderait à de perfides
suggestions , et entraînée par je ne sais quel
vertige , déserterait la royauté qui la rend
heureuse, florissante et la sauve, pour se jeter
dans les bras de la République , qui la rendrait
misérable , la déshonorerait et la perdrait ?

Le bonheur public, vous le comprenez facile-

ment, mon cher Eugène, n'existe qu là où
prospèrent les intérêts généraux aussi bien que
les intérêts privés. Si, par intérêts généraux, on
entend les intérêts politiques, ces intérêts ne
veulent-ils pas, n'exigent-ils pas de la manière
la plus impérieuse, que la France *monarchie* reste
monarchie.

Peut-on oublier sa position topographique?
N'est-elle pas ceinte de monarchies absolues ou
constitutionnelles? Une forme républicaine ne la
constituerait-elle pas en opposition ouverte avec
toutes les nations voisines? Sans considération au-
dehors, sans influence au-dedans, sans alliance,
sans débouché pour ses produits, sans crédit, en
état continuel et légitime de suspicion, ce serait
dans la guerre, dans la guerre seule, dans une
guerre de propagande, qu'elle devrait chercher
quelques rares conditions d'existence, et, dans
ce cas, en admettant même que la Victoire cou-
vrît quelque temps de ses palmes ses enseignes
ambitieuses, n'est-il pas à croire que la nation,

bientôt épuisée d'hommes et d'argent (car une
guerre de principes serait aussi longue que sanglante), maudirait une gloire trompeuse, et qui,
quels que fussent ses trophées ou ses conquêtes,
ne la dédommagerait jamais de ses sacrifices.
D'ailleurs, tôt ou tard, aux victoires succède-
raient les plus désastreuses défaites, aux défaites
l'envahissement, à l'envahissement le despotisme,
si ce n'est encore le morcellement du sol; l'avenir
peut renfermer encore dans ses flancs un autre
Waterloo !...

Je n'exagère pas, et une bien déplorable expérience ne tarderait pas à vous le prouver.

Des intérêts généraux ou politiques, passons
maintenant aux intérêts privés.

Jetons d'abord un regard sur cette population
qui se meut autour de nous, décomposons-la : que
voyons-nous? des capitalistes, des propriétaires,
des commerçans, des artisans, des ouvriers, etc.

Eh bien! seront-ils républicains, ces capitalistes qui, sans hésitation, sans arrière-pensée

comme sans crainte, ont confié toute leur fortune aux coffres de l'Etat? Prêteront-ils leur appui à un ordre de choses qui anéantirait infailliblement le crédit public? Iront-ils échanger les
inscriptions que leur délivre la royauté pour les
assignats de la République?

Seront-ils républicains, ces propriétaires qui
ont gardé souvenir de leurs grains enlevés de vive
force de leurs fermes et vendus sur le marché
au maximum? Ont-ils oublié les impôts de toute
nature qui les accablaient; réquisitions, fourni-
tures, emprunts forcés, etc., etc.?

Seront-ils républicains, ces commerçans que
l'on traite aujourd'hui, comme autrefois, d'aristocrates? « Il faut, » écrivait le républicain Buis-
sart à Robespierre, le 14 Pluviose an II, « tuer
» l'aristocratie mercantile comme on a tué celle
» des prêtres et des nobles. Les communes, à la
» faveur d'un comité de subsistances et de mar-
» chandises, doivent seules être admises à faire
» le commerce, etc. »

Seront-ils républicains, ces fabricans dont la fortune repose uniquement sur la fortune publique, qui savent qu'ils verraient en quelques instans disparaître le fruit de longs et pénibles travaux, dont les ateliers abandonnés attesteraient bientôt la ruine et la banqueroute ?

Seront-ils républicains, ces ouvriers, ces artisans qui n'ont, pour faire subsister eux et leurs familles, que leurs bras, et qui chercheraient en vain du travail et du pain sous un système dont un des axiomes favoris est qu'aux républicains il ne faut que *du pain et du fer?* Ne savent-ils pas d'ailleurs que le jour où il faudrait combattre, eux, les premiers, seraient forcés de quitter leurs foyers, de marcher aux frontières? Après avoir livré le peu qu'ils possèdent, c'est de leur personne qu'il faudrait payer, c'est leur sang qu'on leur demanderait !...

Capitalistes, propriétaires, commerçans, artisans, ouvriers, tous doivent donc, au seul mot de République, frémir et prendre les armes, tous,

et cependant on dit : La France est républicaine !
Où donc est la France si elle ne se trouve point
parmi les classes que je viens de citer ?

La France républicaine, écoutez, mon cher
Eugène, c'est la France forte, énergique, c'est
la France capable, c'est, en un mot, la jeune
France !...

Ici, il serait permis, je pense, de demander
de quel droit on exclut, on refuse d'admettre au
conseil des générations entières, des gens qui,
aussi, ont été successivement la jeune France; de
quel droit on met hors cause quiconque n'a plus
vingt-cinq ans, et je me sers avec raison de ce
chiffre, car, vingt-cinq ans, c'est l'âge de l'élec-
torat, et les élections dernières ont prouvé que
les électeurs en général avaient peu de sympathie
pour la république.

La jeune France est républicaine, disent-ils,
et moi je répéterai : Analysons.

Ceux-là ne sont pas républicains qui, fils de
familles nobles et d'une foule d'autres qui, n'ayant

point adopté nos principes, sont restés fidèles au culte de l'ancien régime.

Ne sont point républicains, les fils de familles pieuses qui ont vu dans la République une ennemie de la religion et des prêtres.

Ne sont point républicains, ces fils de négocians, de fabricans, de commerçans dont la fortune et l'industrie paternelles ont eu à souffrir si cruellement des fureurs proconsulaires.

On n'a point oublié que c'est des rangs de la bourgeoisie que sont sorties ces bandes vengeresses qui, dans les jours de la réaction thermidorienne, firent une guerre vive et acharnée aux débris dispersés des clubs et des assassins révolutionnaires.

Ne sont pas républicains, ces fils de marchands dont le sang plébéien a rougi les échafauds de la terreur comme le sang patricien.

Ne sont pas républicains, ces fils des défenseurs de l'Empire qui, sous les aigles du grand homme, ont reconstitué l'ordre public et enchaîné l'anarchie.

Ne sont pas républicains, tous ces jeunes gens
qui aspirent à la gloire, à de nobles récompenses,
car ils savent que la République est ingrate, que
trop de vertu l'importune, que sous son brutal
niveau, qui n'est point celui de l'égalité politique,
toute distinction serait proscrite, et que si, dans
les jours consulaires, elle a eu ses sabres d'honneur, c'est que déjà le consulat était une monarchie.

Ne sont pas républicains, ces jeunes artistes
dont le pinceau et le ciseau resteraient inoccupés
sous une république parcimonieuse, plus atten-
tive à flatter l'avidité des classes inférieures de la
société qu'à la décorer par la pompe des monumens et des arts.

Les pères ont su dire à nos jeunes soldats que
si l'amour de la patrie a ceint leurs fronts de san-
glans et glorieux lauriers, alors même la République les laissait sur le sommet des Alpes et des
Pyrénées, dans les glaces du Nord et sous les
feux du Midi, sans vêtemens, sans chaussure,

souvent sans pain, parce que la République n'est que l'anarchie et exclut toute administration régulière.

Serait-elle républicaine, cette classe innombrable de jeunes cultivateurs que des guerres interminables arracheraient aux sillons qu'ils fécondent? et des hymnes d'enthousiasme et de reconnaissance seraient-ils entonnés par les mères, les femmes, les fiancées, tout-à-coup séparées violemment, dans l'intérêt de quelques ambitieux obscurs, des objets les plus chers de leurs affections.

J'admets que, dans les villes populeuses, l'oisiveté, la corruption, le fanatisme et même un enthousiasme généreux, les leçons des écoles, des espérances exagérées, des haines suggérées, l'influence de quelques talens audacieux, jettent l'esprit de la jeunesse inexpérimentée dans une sorte d'énivrement et qu'elle devienne dupe de ses propres vertus; mais c'est là seulement que la République peut faire quelques recrues, lui persuader qu'avant elle tout était absurde et que la lumière est apparue seulement pour le compte de la jeune France qui, à son tour, aura à morigéner ses successeurs.

Ce n'est point là, mon cher Eugène, là seulement que vous irez chercher la jeune France, pas plus que dans les sections de la société des *Droits de l'Homme* que dans les bureaux de la société *Aide-toi! le Ciel t'aidera;* là ne sont que des minorités, et ce n'est point par la tendance d'une minorité qu'on juge l'esprit public d'une grande nation.

Votre jeune France, à vous comme à moi, elle est partout, elle couvre le pays, elle grandit dans nos villes comme dans nos campagnes, partout elle croît en force, en vigueur, et, j'ose le dire, en raison.

Oh! que je me la rappelle avec plaisir quand, m'associant à ses études, je la suivais sur les bancs de l'école; je la voyais couvrir de ses bravos l'illustre professeur qui, dans ses brillantes improvisations et rattachant habilement à l'histoire du passé l'histoire de nos jours, analysait avec feu cette Charte, palladium des libertés publiques, sauve-garde de la monarchie, *cette Charte* enfin, *sortie triomphante de sa lutte contre deux systèmes qui ont aujourd'hui fait leur temps ; savoir : la monarchie absolue et les extravagances de la démocratie.* (*)

Dites-moi, mon cher Eugène, était-elle républicaine la jeune France quand elle se livrait à une manifestation si éclatante, si énergique de ses sentimens monarchiques et constitutionnels? Etait-elle républicaine quand elle combattait en Juillet, au seul cri de *vive la Charte.*

Que si l'on me jette en avant ces sociétés secrètes dont on fait aujourd'hui tant de bruit et dont le but, je le reconnais, ne pouvait être douteux, je répondrai qu'alors la jeune France n'était pas plus parmi les Carbonari ou parmi

(*) Paroles de M. Cousin.

les *Amis de la Vérité,* qu'elle n'est aujourd'hui ,
comme je l'ai dit plus haut, dans les associations
républicaines de nos jours.

D'ailleurs, pourquoi la jeune France serait-
elle républicaine?

Serait-ce par suite de son éducation première?
Mais est-ce dans les lycées de l'Empire ou les
collèges de la Restauration qu'elle aurait puisé
son républicanisme?

Serait-elle républicaine par ignorance? Ce serait lui faire outrage, et certes ce n'est point
l'intention de ceux qui lui prodiguent aujour-
d'hui tant de cajoleries.

Par faiblesse? Ce n'est jamais par faiblesse
qu'on adopte des opinions qui vous constituent
en état d'hostilité contre le gouvernement établi.

Serait-elle républicaine par inexpérience, par
séduction, par l'empire qu'exercent toujours de
grands et nobles caractères, de hautes vertus
politiques? Que des jeunes gens ardens, passionnés pour le bien public, enthousiastes de la

7

liberté; avides d'innovations, se soient laissé autrefois capter, séduire par de brillantes utopies,
je le conçois : il était facile de s'égarer avec des
hommes tels que Mirabeau, tels que Condorcet,
tels que Bailly; de se tromper avec Barnave,
Vergniaud et tant d'autres généreux citoyens;
mais aujourd'hui, qui pourrait excuser, justifier
un entraînement coupable? Où sont les noms?
Où sont les hommes?... Les théories nébuleuses,
les déclamations du *National*, les insultes de *la
Tribune*, les mille et mille pamphlets soldés par
la propagande, ont-ils une vertu si extraordinaire
qu'il faille de nécessité s'associer à leurs haines,
se rendre complices de leur système de destruction; en un mot, notre jeune France ne peut-
elle avoir d'autre catéchisme que le leur?

Sera-t-elle républicaine par ambition, par
intérêt? mais l'organisation actuelle de la société
ne lui ouvre-t-elle point toutes les voies? As-
pire-t-elle à l'épaulette? qu'elle se précipite dans
les rangs de l'armée, qu'elle soit disciplinée et

brave , l'avancement ne se fera point attendre.
Voyez nos maréchaux, eux aussi étaient soldats !
Veut-elle briller au barreau ? qui l'empêche ? du
travail, et sa fortune est faite. Veut-elle arriver
aux honneurs, aux emplois ? jusque dans la dernière commune de France l'élection est là pour
faciliter le premier pas à quiconque sent en lui ce
je ne sais quoi qui présage de brillantes destinées.

Mais, me direz-vous, mon cher Eugène, partout la législature impose des conditions de fortune , véritables entraves pour le génie , pour le
mérite pauvre. Je ne rechercherai point ici si ces
conditions de fortune sont exagérées ; d'ailleurs,
je vous ai déjà fait sentir qu'elles sont loin d'être
des barrières infranchissables pour la jeunesse
laborieuse. Deux cents francs de contribution,
fort souvent moins, que vous empruntez soit à
l'industrie, soit à la propriété, soit même à la
propriété d'autrui par forme de délégation ou
de donation, vous rendent accessible à tous les
degrés d'élection quelle qu'elle soit. Est-ce donc

un ordre de choses bien tyrannique, bien ingrat? N'y a-t-il donc point chance de fortune
politique ou autre pour quiconque veut travailler,
et, par un travail de quelques années, arriver à
cette estime publique, à cette considération qui,
sous un gouvernement représentatif, conduisent
à tout.

Nous avons cependant de jeunes républicains.
Quels sont-ils? je vais vous le dire.

Quelques-uns se sont laissé séduire par la lecture d'ouvrages pernicieux, par ces maximes
désastreuses jetées avec audace et perfidie dans
un public souvent ignorant, et qui n'obtiennent
un crédit passager que parce qu'elles soulèvent
les passions. Ceux-là sont de bonne foi; le temps
les éclairera et les ramenera.

D'autres, naturellement humoristes, inquiets
par nature, turbulens par goût, avides par besoin, impatiens d'acquérir sans travail, souffrent
avec peine toute supériorité sociale, toute supériorité intellectuelle. Pour eux le pays n'est

rien, la France, c'est eux. Il leur faut détruire, parce qu'il leur faut des ruines, et que, sur des ruines, il est facile de s'élever. Ils veulent niveler, parce que ne se sentant pas capables de se grandir, ils veulent rabaisser tout jusqu'à eux. Ce n'est point tant la République qu'ils veulent, que le pouvoir, que les honneurs, que les richesses.

Certains se sont faits républicains par désappointement, par mécontentement, comme ils s'étaient faits patriotes par ambition. Ils ont voulu de l'or et des places. Ont-ils obtenu de l'or, ils l'ont dissipé follement; ont-ils obtenu des places, partout ils ont introduit le désordre. N'ont-ils rien obtenu, ils ne considèrent point si leurs prétentions étaient fondées, si leurs droits étaient réels, s'ils avaient la capacité requise, qu'importe! d'autres ont obtenu, voilà ce qui leur fait mal.

Parmi les plus âgés, j'en vois qui, après avoir tendu la main à la Restauration, après avoir

arraché à la Monarchie de Juillet ce qu'ils ont
pu en arracher, tendent aujourd'hui la même
main à la République ; ils la tendraient à la Légitimité, à Henri V, si la République intronisée
en France n'assouvissait point leur cupidité.

Si l'ambition trompée a fait des républicains,
la spéculation en a fait aussi. De jeunes écrivains,
à consciences larges, aux mœurs faciles, bons
viveurs, faisant métier du journalisme, en ont
envahi les bureaux et régentent, à tant par mois,
le monde, comme hier encore, au collége, ils
étaient régentés. Avides de jouissances plus que
de célébrité, rien ne leur coûte pour les satisfaire. Combien n'en voyons-nous pas faire bon
marché de leur réputation et exploiter le scan-
dale avec un cynisme révoltant ? Si la loi vient
saisir leur feuille, frapper d'amende leur coupable
industrie, que leur importe ? Les amendes !....
le parti paie. La prison !... n'a-t-on point des
gérans responsables ? Quant à leur célébrité,
elle ne fait que s'accroître. Une saisie ? mais c'est

une bonne fortune ; une saisie, c'est un che-
vron, c'est une campagne de plus sur leurs états
de service. Vienne la République, et la République paiera tout cela. En attendant ce bien-
heureux moment, l'article est grassement payé ;
on fait joyeuse vie, et le Champagne coule à
grands flots.

L'article, cependant, diffamera un honnête
homme, insultera un noble caractère, calom-
niera de généreuses intentions, semera l'inquiétude dans le pays, qu'importe !

Et qu'on ne dise pas qu'ils ignorent le mal
qu'ils font : « Qu'on m'indique un métier qui me
rapporte davantage, disait l'un d'eux, et je le
fais. » — « Que le juste-milieu me paie comme la
République, et je fais du juste-milieu », disait un
autre. Que de fois n'a-t-on point entendu s'écrier
Martainville, de burlesque et vénale mémoire,
après une orgie : « Allons maintenant faire de
l'autel et du trône. »

Ah ! que je voudrais que quelques-uns de mes

compatriotes quittassent la province et consen-
tissent à me suivre dans ces officines où le génie
du mal semble avoir établi son empire, combien
vîte s'écrouleraient devant eux certaines répu-
tations, certaines influences !

Non pas que je prétende que parmi les écrivains qui ont mis leur plume au service de la
République, il n'en soit point qui ne cèdent à
une conviction profonde ; ceux-là ont toute mon
estime, ce sont des ennemis dangereux, qui
du moins combattent avec armes loyales ; mais
les autres !....

C'est en vain, mon cher Eugène, que l'on
prétendra que les époques ne sont plus les mêmes,
qu'un régime également odieux à tous les partis
ne peut plus se représenter ; ceux qui vous tiennent ce langage vous trompent ou se trompent
eux-mêmes. De nobles et généreux esprits (du
reste ils sont rares) peuvent rêver encore ce
que rêvait cette infortunée Gironde, si célèbre
par ses fautes, ses talens et ses terribles destinées.

Elle aussi avait rêvé pour la patrie, de la gloire, de la liberté, du bonheur. Elle porta sa tête sur l'échafaud, et ne laissa derrière elle que honte, misère, désastre. Ses regrets furent aussi amers que ses derniers momens furent affreux. Elle avait vu le mal et se trouva impuissante pour le dompter. Tel est le sort infaillible des partis qui dédaignent les leçons de l'expérience, qui ferment les yeux à la lumière, et ne veulent point comprendre qu'il n'y a que ruine et perdition là où les passions ont pris la place de la raison et de la vertu.

Nos modernes Girondins ne seraient pas plus heureux que leurs devanciers, mais ils seraient doublement coupables, car l'histoire aurait parlé pour eux, et ils ne l'auraient pas écoutée. Il n'est point dans le cœur de l'homme d'aimer le sang et le carnage ; Dieu ne l'a pas fait cruel ; mais il est dans sa nature de tout sacrifier au besoin de sa propre conservation. La nécessité et la peur ont fait plus de terroristes qu'un besoin effréné de cruauté, de vengeance. Que de gens, dans les temps affreux que je ne rappelle qu'avec horreur et comme forcé, sont arrivés au pouvoir avec le désir de faire le bien, et qui cependant ont aussi fait tomber bien des têtes, et laissé derrière eux une mémoire exécrée! mais par cela seul que le système qu'ils soutenaient était odieux au pays, à l'Europe, ils ont eu à combattre et les résistances du pays et les résistances de l'Europe. Pour combattre il a fallu de l'or et des soldats, pour se les procurer ils ont été forcés de *battre monnaie* sur la place de la Révolution et de donner à la Terreur mission de recruter pour eux.

Ce qui s'est passé alors se représenterait encore aujourd'hui infailliblement, si, ce que Dieu ne veuille, certaines espérances aussi coupables qu'insensées venaient à se réaliser.

L'opinion républicaine en France, réelle ou factice, n'a donc pour elle qu'une faible minorité, mais une minorité ardente, audacieuse,

et qui n'a de force que celle qu'elle emprunte
à la faiblesse des autres.

Si vous hésitez un seul instant à me croire,
voyez autour de vous : combien sont - ils ces
républicains qui prétendent couvrir le sol de
la France ? quelles sont leurs relations, quelle
est leur influence , quelle est leur considération
personnelle ? En un mot, examinez, comptez,
puis vous me répondrez.

Ce que vous verrez autour de vous , vous le
reconnaîtrez dans toutes les localités que vous
interrogerez. Partout minorité, partout faction,
mais partout même hypocrisie , même audace.

Que si un tel état de choses vous rassure, vous
avez tort. Lorsque dans un pays tel que la
France , une faction ose lever la tête et prêcher
impunément le désordre et le renversement de la
constitution, il y a danger, il y a péril. Le parti
républicain était minorité en 91 , en 92 ; je dis
même plus, il était minorité sous la Terreur en
93 , et pourtant un instant il a usurpé le pou-

voir. Quelle immense distance séparait 1789 de cette dernière époque, et cependant il n'a fallu que trois années !.....

Maintenant, mon jeune ami, maintenant que je crois vous avoir prouvé que cette opinion républicaine, dont on proclame avec tant de fanfaronnade les progrès, n'a pour elle ni le pays, qui la repousse, ni le bon sens, qui la désavoue, voterez-vous pour la République ? — Non, certes. Mais la Légitimité ? — La Légitimité ? c'est une autre question ; nous la traiterons dans la lettre prochaine.

IV.

LA FRANCE EST-ELLE LÉGITIMISTE ?

Vous connaissez, mon cher Eugène, le vieux château de..... Qu'ils en sont hospitaliers et bons les nobles châtelains ! mais aussi, quoique courbés par l'âge, combien peu ils ont vécu, au moins avec leur siècle ! Ne leur demandez point ce qui se passe de nos jours. Aujourd'hui, vous répondront-ils sérieusement, il ne se passe plus rien ; tout a fini, tout est mort en 1789. Étrangers aux évènemens qui se sont succédé avec une si effrayante rapidité depuis quarante-cinq ans, ils n'ont fait en quelque sorte que sommeiller alors que tout s'agitait autour d'eux. République, Bonaparte, Restauration, Juillet, ces noms-là les ont seuls frappés, les ont bien affectés plus ou moins vivement, mais hors là, tout n'est pour eux que vague et confusion.

Le vestibule que décorent les cadres vermoulus de quelques portraits de famille, la chapelle aux vitraux écartelés, le salon aux tapisseries séculaires, le parc aux allées droites, aux charmilles façonnées, tel a été pour eux l'univers où se sont concentrées, depuis dix lustres, toutes leurs affections, toutes leurs habitudes. Là, on dit encore : mes paysans, mes vassaux, mes domaines ; on se fait *monseigneuriser* par ses laquais, et si parfois on fait travailler *un vilain*, on dit : *la corvée* est bien faite, sans penser qu'aujourd'hui il n'y a plus de corvées, ou du moins qu'elles se paient.

Parmi les écrits qui prennent naissance dans la capitale et se répandent ensuite dans les provinces pour l'édification et l'instruction des *fidèles, la Quotidienne* a seule trouvé grace aux yeux des maîtres du château de C.... En fait-on grande lecture ? Non, mais enfin on l'a, et on l'a parcequ'il est convenu que quand on a un vieux château avec tourelles et donjons et qu'on se nomme M. le marquis, il faut avoir *la Quotidienne*.

Vous dire, mon cher Eugène, que nos chers compatriotes de la Saintonge se félicitent beaucoup d'un aussi noble voisinage, c'est chose complètement inutile. Chez nous, les marquis, vicomtes et barons sont rares et chaque jour ils le deviennent davantage ; or, sans un de ces titres, point d'accès. La société du château est donc fort limitée. A peine de temps en temps quelques équipages aux armoiries fastueuses longent l'avenue d'ormes qui signale l'antique manoir au voyageur de la grande route.

Depuis quelques jours cependant, un concours inusité de visites de toutes sortes se faisait
remarquer. Un je ne sais quoi, qui ressemblait
presque à de l'agitation et qui contrastait d'une
manière singulière avec la monotonie habituelle,
éveillait vivement la curiosité, et l'on en cherchait en vain la cause.

Que fut-ce quand un beau matin (c'était, si je
ne me trompe, la semaine dernière), le château
prit un air de fête. Jeunes ou vieux, mâles ou
femelles, tous les serviteurs de la noble famille
étaient à l'œuvre. On s'agitait, on se remuait,
on parlait de réunions, d'assemblées, puis on
chuchotait à voix basse, tout en faisant des
préparatifs qui annonçaient une nombreuse ré-
ception.

Les suppositions, je vous le laisse à penser,
allaient leur grand train.

Tout-à-coup de nombreux équipages de toutes
formes, antiques et modernes, d'élégans cour-
siers se croisant en tous sens, débouchant de

toutes parts, se saluant comme gens de connaissance, se dirigèrent vers le perron où les reçurent en grande tenue et avec effusion de cœur
les maîtres du logis.

Que se passait-il donc? Quel évènement sou-
dain rassemblait-il si noble compagnie? Les politiques du village (quel village n'a pas les siens?)
traitèrent longuement et à fond cette importante
matière sans pouvoir arriver à une solution.
Était-ce, se demandait-on, un mariage? Non.
— Un baptême? Encore moins. — Un anniver-
saire à fêter? Le calendrier du jour ne signalait
aucun saint auquel le château pût avoir une dé-
votion particulière. Oh! si c'eût été le 29 Sep-
tembre, le 25 Août! on eût compris; mais le
15 Avril!... définitivement c'était chose bizarre,
curieuse, inconcevable. Ainsi disait-on.

Et vous, mon cher Eugène, vous qui connaissez les personnages, qu'en pensez-vous?
Êtes-vous plus avancé que nos bons villageois?
Non, n'est-ce pas? Eh bien! moi, je vais vous
tirer d'embarras.   8

Les élections prochaines, voilà quel était le motif, l'unique motif d'une réunion si inattendue. C'est au milieu du bois de C.... que s'était donné rendez-vous la Légitimité ; mais aussi la question à traiter était grave, importante.... Il s'agissait de décider si le parti légitimiste se rendrait aux élections ou se refuserait à y paraître, s'il aurait des candidats à lui, ou si, à défaut, il porterait ses voix sur des hommes du *mouvement* ou de *la résistance*....

Ce fut à table que la discussion commença. Elle fut d'abord calme et posée, puis s'anima peu-à-peu, puis devint tellement vive que des mots piquans, échangés avec aigreur, faillirent amener une rupture et faire lever la séance. Quelques hommes âgés, de longue expérience dans les affaires publiques, tout en protestant de leur inébranlable fidélité aux doctrines que leur avaient transmises leurs pères et qu'ils tenaient à honneur de conserver comme un dépôt dont ils devaient compte à leurs enfans, n'hésitèrent

point à déclarer que la situation actuelle de la
France leur semblait mal comprise par une
grande partie de ceux-là même dont ils se glo-
rifiaient de partager les opinions.

« La question qui s'agite aujourd'hui , dirent-
» ils, n'est plus une question purement poli-
» tique ; c'est une question d'ordre social et
» dont la solution ne peut être laissée aux pas-
» sions. Quelles que puissent être ses affections
» d'une part, ses répugnances de l'autre, qui-
» conque possède , quiconque veut conserver,
» quiconque ne veut pas la dissolution de la
» société, doit prêter appui, assistance à la mo-
» narchie de fait. Qu'on le fasse par affection ,
» c'est ce que nous ne prétendons pas ; mais
» qu'on le fasse par nécessité , c'est ce que nous
» désirons, c'est ce que nous regardons comme
» pressant, comme le devoir de tout bon ci-
» toyen. Au-delà de cette monarchie, que les
» circonstances plus que les calculs ont élevée,
» il n'y a que misère , que ruine, que désastre

» pour tous, il n'y a enfin que la République
» et ce qu'elle entraîne d'horrible avec elle.
» N'allons point renouveler les sottises et les
» illusions de Coblentz ; ne rêvons pas de nou-
» veau ce qui n'est plus possible, ne perdons
» pas de vue qu'aujourd'hui la guerre est dé-
» clarée à toute supériorité de naissance et de for-
» tune, et que plus que jamais nous combattons
» *pro aris et focis.* N'attendons que du temps
» le triomphe de nos doctrines. Persuadons-
» nous bien qu'une révolution nouvelle nous
» livrerait sans force et sans défense à ceux qui
» ne nous offrent aujourd'hui leur alliance que
» pour un jour nous écraser et recueillir nos
» dépouilles. Laissons-nous guider par le plus
» simple bon sens, ne voyons que le pays, et
» félicitons-nous de savoir nos intérêts privés si
» fortement identifiés avec les intérêts généraux.

» Nous exercerons donc dans toute leur éten-
» due les droits que nous reconnaît la consti-
» tution du pays. Nos voix se porteront sur des

» hommes royalistes comme nous, si nous pou-
» vons, mais surtout sur des hommes ennemis
» de tout désordre, ennemis de toute anarchie,
» et qui soient bien convaincus qu'ils ont reçu
» leur mandat, non dans l'intérêt d'une faction,
» mais dans l'intérêt de la société, qui veut, qui
» a besoin d'être noblement représentée, d'être
» énergiquement défendue. Que notre mot d'or-
» dre soit enfin : « Arrière ceux qui ne veulent
» pas sauver le pays, arrière ceux qui veulent
» rouvrir l'abîme révolutionnaire. »

« Et moi, s'écria un homme encore jeune, à
» l'œil ardent, au geste passionné, c'est une
» révolution que je veux, c'est une révolution
» qu'il me faut et qu'il me faut de suite, à moi
» qui n'ai rien, qui ne possède rien ; à moi qui
» ai tout perdu, à moi qui veux tout ravoir.
» Cette révolution, je la veux par toutes les
» voies ; je la veux par la presse, sous quelque
» forme, sous quelque masque qu'elle serve mes
» projets ; je la veux enfin au risque de ma li-

» berté, au risque de ma tête.... Que m'importe
» l'avenir si le présent m'écrase? Que m'importe
» le pays si le pays m'abandonne ? Si la France
» recule devant une révolution nouvelle , eh
» bien ! unissons-nous pour faire comprendre à
» la France que là seulement est son salut. Allons
» donc aux élections prochaines, allons-y, mais
» réservons nos votes pour ceux qui pensent
» comme nous, ou pour ceux qui, ne pensant pas
» comme nous , veulent cependant , comme
» nous , détruire, quitte à voir après ! »

Ce peu de paroles fit une vive et pénible impression , et cependant quelques bravos les ac-
cueillirent. La plus grande partie de l'assemblée
garda le silence. Peu d'instans après on se leva
de table ; on descendit au parc ; là, on se divisa
par groupes , les discussions se renouvelèrent
avec force et l'on finit par se séparer sans s'être
arrêté à quoi que ce soit , ainsi qu'il arrive presque toujours.

Cette anecdote , que vous devez tenir pour

vraie, je ne vous en ai fait confidence que pour
vous amener à une conclusion dont vous reconnaîtrez comme moi la justesse ; c'est que, dans
tout parti politique, il existe deux nuances bien
distinctes, l'*opinion* et le *parti* (je suis forcé de
répéter le mot).

Des gens de bien, aimant sincèrement leur
pays, voulant pour lui gloire et prospérité, ont
cru trouver l'une et l'autre dans la Restauration.
Amis aussi sincères que désintéressés, ils ont
pleuré sur la chute de la branche aînée, et leurs
vœux eussent été pour un autre ordre de choses.
Ils n'ont point oublié cependant qu'ils avaient
une patrie et que cette patrie devait, avant tout,
posséder leurs affections.

Ce ne sont point eux qui propagent des espérances aussi folles que coupables, exploitent au
profit de leurs ambitieux calculs une jeunesse
imprudente et si facile à égarer ; ce ne sont point
eux qui préludent par l'émeute à la guerre
civile; ce ne sont point eux qui rougissent les

buissons de la Vendée. Le Roi a tout leur respect
s'il n'a pas leur amour. La Charte ! ils la défen-
draient au besoin contre ses ennemis ; le gouvernement trouve en eux des *sujets* fidèles et soumis.
Dans l'intérêt général , ils n'hésitent point à imposer silence à leurs affections , à faire le sacrifice
des préjugés de leur éducation , de leurs intérêts
de caste. Qu'on les appelle Carlistes, soit ; mais
jamais on ne dira d'eux : « Ce sont de mauvais
citoyens. »

Bien au contraire , si l'anarchie lève la tête, ils
sont les premiers à se ranger parmi nos gardes
nationales. Que l'étranger pousse ses bataillons
sur nos frontières , vous les verrez de suite y
voler. Que la monarchie de Juillet donne à la
France ce qu'ils avaient rêvé pour elle sous
d'autres couleurs , sous un autre nom , ils s'y
rallieront franchement, car tout pour la France,
c'est leur devise.

Ceux-là forment ce que j'appelle l'*opinion ;*
ceux-là , je les estime. Un jour , je l'espère ,
d'eux-mêmes , ils nous tendront la main.

Avec les autres, au contraire, qui, l'outrage, la calomnie, l'invective à la bouche, dans leur rage, dans leur impatience de désordre, ne reculent devant aucun des moyens que peuvent suggérer les passions les plus haineuses, qui hurlent *la Carmagnole* avec la République et battent le pavé avec elle, en tenant la *dévergondée* sous le bras, irréconciliables ennemis, mais alliés d'un jour, avec ceux-là, dis-je, point de trève possible. Ceux-là, c'est le *parti*, et c'est le *parti* contre qui nous devons préparer nos armes.

Eh bien! le *parti* a-t-il chance de succès? Trouve-t-il accueil, sympathie parmi les masses? Est-il enfin national? Ce sont, vous le voyez, de nouvelles questions que nous devons étudier avec soin et avec quelque étendue si nous voulons arriver à une solution complète.

Ne pourrait-on pas, en toute sécurité, appliquer au *parti* légitimiste ce mot d'un spirituel écrivain au sujet d'un ministre dont la haute et

rapide fortune souleva tant de jalousies, pro-
voqua tant de calomnies.

Suffisance et insuffisance, disait-on.

L'arrêt était sévère, injuste.

Suffisance et insuffisance, oui, c'est bien là le
caractère d'une minorité incorrigible, factieuse,
dont les illusions continuelles ne seraient que
ridicules, si elles n'entretenaient des espérances,
insensées, il est vrai, mais qui peuvent entraîner
quelques esprits faibles et ignorans.

Démontrer l'*insuffisance* du *parti,* est-ce vraiment nécessaire? Cette *insuffisance* n'est-elle
point un fait qui se révèle chaque jour, à chaque instant, et sur lequel il est presque puéril de
s'arrêter. *Insuffisance numérique* par rapport au
pays, *insuffisance morale* par rapport à ses
moyens d'action ou d'influence; voilà ce que
constatent toutes les époques de notre révolution, voilà ce qu'ont successivement prouvé des
efforts constamment impuissans ou qui n'ont été
couronnés de quelques succès, que lorsque des

questions politiques de toute autre nature, que lorsque des vues tout autres ont entraîné les puissances continentales dans une coalition imprudente, et dont le seul résultat a été le renversement de l'homme qui seul, peut-être, pouvait rétablir le principe monarchique, si violemment ébranlé, dans toute sa force, dans toute sa plénitude.

L'insuffisance du *parti* lui a-t-elle ôté de sa *suffisance?* Non, certes, cette suffisance a survécu à toutes ses chutes, à tous ses désappointemens, à tous ses désastres.

Les preuves en sont aussi nombreuses qu'irrécusables : pénétrez dans ses salons, abordez ses écrivains, étudiez ses discours, lisez ses journaux, soulevez le voile qui vous dérobe encore quelques intrigues mesquines et niaisement coupables, partout même présomption, partout même *suffisance.*

Remarquez toujours, mon cher Eugène, que je ne m'adresse qu'au *parti,* et ne perdez pas de vue la distinction que je viens de faire.

Si nous revenons ensemble sur la marche du *parti* depuis le premier jour de la révolution de Juillet, il nous sera facile de reconnaître à chaque pas, la même tactique, les mêmes illusions, la même *suffisance*. On se demandait le 29 Juillet où étaient les royalistes. Les royalistes gardaient le silence, ils n'étaient nulle part quand ils avaient à redouter le courroux d'un peuple justement soulevé ; aujourd'hui, à les entendre, ils sont partout, ils répètent qu'ils sont les *plus nombreux*, les *plus forts*, les *plus habiles* ; aujourd'hui surtout que le danger est passé, et qu'une impunité presque certaine est acquise à leurs actions comme à leurs paroles.

D'où leur vient cette confiance, cette hardiesse subite ? Leurs doctrines ont-elles remporté un éclatant triomphe ? Leur phalange voit-elle chaque jour grossir ses bataillons ? Ce qu'ils ont voulu, ce qu'ils ont demandé, sollicité, mendié, l'ont-ils obtenu ?

Ils ont voulu l'émeute ; et l'émeute a été vaincue.

Ils ont voulu conspirer; et leurs conspirations n'ont révélé que leur faiblesse.

Ils ont voulu la guerre étrangère, l'invasion ; et les puissances sont restées muettes, immobiles, et les cabinets ont été sourds à leurs instances.

Ils ont voulu la ruine de notre industrie, pour, disaient-ils, faire gémir le tiers-état, le peuple ; ce tiers-état, ce peuple, qui se persuadent qu'un gouvernement responsable, soumis au contrôle parlementaire, offre plus de garantie aux capitaux que le bon vouloir d'un roi absolu ou d'un favori ; et le commerce s'est ranimé, et le crédit s'est relevé, et les boutades de quelques douairières qui se sont vouées à la retraite par sentiment n'ont point privé la capitale de son éclat et de sa splendeur.

Ils ont voulu la guerre civile, la chouannerie; la guerre civile, la chouannerie n'ont servi qu'à dévoiler de nouveau leur impuissance, et l'absence de toute sympathie.

Depuis trois ans enfin ils ont été battus, vain-

cus ; repoussés sur toutes les questions , sur tous
les terrains , et cependant ils espèrent , que dis-
je , ils touchent au jour heureux où l'absolutisme
couronné fera justice des velléités libérales que
s'est permises une nation ingrate.

Lisez plutôt la *Quotidienne*, la *Gazette de
France* , et ces gazettes provinciales, de fabrique
Genoude , véritable manne légitimiste, dont la
substance quotidienne est destinée à alimenter et
soutenir les forces des fidèles.

Si le *parti* n'a point fait de nombreux adeptes,
est-ce sa faute ? Non , les avances, les agaceries
n'ont point manqué , rien n'a été négligé ; d'anciennes répugnances ont été surmontées, Dieu
sait quelles mains se sont réciproquement pres-
sées ! Mais avant tout , il faut réussir, et pourvu
qu'elles blessent, qu'elles tuent, toutes armes ne
sont-elles pas bonnes? C'est ce qu'a pensé le
parti. A-t-il été heureux dans le choix de ses
moyens? A-t-il fait un pas de plus dans la voie
qu'il s'est tracée? Est-il enfin parvenu à se rendre
maître de l'avenir ?

Poursuivons notre examen.

La Charte de 1814, livrée à la Nation comme un gage de paix et de sécurité, comme une transaction nécessaire entre le pouvoir absolu dont le retour n'était plus possible, et certains principes démocratiques dont on redoutait avec raison l'influence, fut une concession sage, prudente, et dont le parti légitimiste eût dû accueillir avec reconnaissance le bienfait ; cependant il n'en fut point ainsi : l'émigration jeta les hauts cris, s'indigna, maintint à *l'index* comme un jacobin le prince éclairé qui avait su comprendre son époque, et s'arma contre lui de conspirations et de *pétards* (*).

(*) Le pétard du 29 avril 1820 et celui que plus tard une bouche auguste qualifia *d'insolent*, étaient, il faut en convenir, de singuliers moyens de conspirations aristocratiques ; c'était un plagiat de Ruggieri. Effrayer une femme, effrayer un vieux roi pour en arracher des concessions, voilà les ressources des hommes d'état d'antichambre ; n'était-ce pas une dégénérescence du génie roturier de la Vendée ? une *machine infernale en miniature ?*

Quelle fut la cause, la véritable cause de cette opposition occulte dont les attaques incessantes jetèrent continuellement le trouble dans le pays, et lui laissèrent entrevoir le jour où le peu de libertés politiques qu'on lui avait concédées lui serait violemment arraché ? Cette cause, je n'hésite pas à le dire, ce fut la haine du parti contre-révolutionnaire contre la petite propriété, contre le commerce, contre toutes les professions libérales. C'est à la petite propriété, c'est au commerce, c'est aux professions libérales, c'est enfin au tiers-état qu'il attribuait le grand évènement de 89, et son ressentiment était d'autant plus grand, que ses espérances étaient plus vives, plus soutenues.

Le *parti* n'avait rien appris, rien oublié ; parvenu au pouvoir, il ne voulut rien apprendre et se garda bien d'oublier.

Comment eût-il pu pardonner à cette Charte qui, dans des limites trop étroites sans doute, n'en concédait pas moins des droits importans, et

par conséquent accordait une influence politique réelle à la petite propriété, au commerce,
aux professions libérales? Qu'on se rappelle les
injures dégoûtantes que prodiguaient à certaines
classes de la société des journaux soldés! Qu'on
se rappelle avec quel mépris on parlait de ces
épiciers électeurs et législateurs, de ces *électeurs à
cent écus*, de ces *patentés*, de ces *docteurs de
village*, de ces *avocassiers*, qui se précipitaient
dans les bureaux des feuilles patriotes, et orga-
nisaient cette opposition ardente, vigoureuse,
mais toujours constitutionnelle, et qui, grace au
Ciel, ne peut, ne doit pas être confondue avec
celle dont nous avons sous les yeux le triste spectacle! Qu'on se rappelle surtout ces invectives
continuelles contre la jeunesse de nos écoles, tenue sans cesse en état de suspicion par le pouvoir.

Eh bien! cette petite propriété, ce commerce,
ces *épiciers*, ces *avocassiers*, ces *docteurs de village*, ces *électeurs à cent écus*, cette jeunesse si
calomniée, cette jeunesse que l'on reniait par

9

cela seul qu'elle avait grandi sous les dernières
années de l'empire, n'ont-ils point tous embrassé
avec ardeur, avec enthousiasme la révolution de
Juillet? N'ont-ils point ouvertement rompu avec
l'émigration et ses doctrines anti - nationales?
N'ont-ils point déclaré hautement que, sous l'ha-
bit du garde national aussi bien que sous l'uni-
forme du soldat, ils sauraient combattre et repousser les ennemis de la Constitution et du Roi,
quel que fût leur drapeau? Comment se fait-il
donc aujourd'hui que le parti n'ait point assez
d'éloges pour la petite propriété, pour le commerce, pour les professions libérales, pour la
jeunesse?

« La jeunesse, dit un de ses organes, s'est faite
» royaliste; ses idées sont grandes et généreuses. »

« Le barreau, la magistrature, dit un autre,
» ont su conserver toute leur indépendance,
» toute leur dignité; ils ont reçu le dépôt sacré
» de nos libertés, ils ne souffriront pas qu'on y
» porte atteinte. »

« La petite propriété! s'écrie celui-ci, c'est
» en elle que gît le salut du pays; ô vous, qui
» régnez sur elle, donnez-lui des droits, ou-
» vrez-lui une large entrée aux affaires publi-
» ques, que dis-je? c'est plus, c'est beaucoup
» plus qu'elle demande, qu'elle est en position
» d'exiger; c'est le suffrage universel qu'il lui
» faut; c'est l'émancipation du prolétaire qu'elle
» réclame; c'est, en un mot, la liberté pour
» tous et de tous qu'elle veut. »

« On parle de république, ajoute celui-là,
» pourquoi pas? c'est un système tout comme
» un autre, seulement il n'est point dans nos
» opinions ni dans nos sentimens; mais enfin la
» république n'a-t-elle pas de glorieux souvenirs
» à évoquer? Ne lui devons-nous pas l'affranchis-
» sement du pays? N'a-t-elle point vaincu sur
» vingt champs de bataille tous les souverains
» de l'Europe coalisés contre elle? Nous-mêmes,
» à Coblentz, n'avons-nous point été forcés de
» nous retirer devant ses étendards? D'ailleurs,

» ne pourrait-on pas faire un nouvel essai de
» cette république, quitte à revenir plus tard à
» notre vieille monarchie? »

Je n'exagère point, mon cher Eugène, je ne
dis que l'exacte vérité; je parle avec *la Quotidienne*, avec la *Gazette* ; je ne suis que l'écho de
MM. de Châteaubriand, de Dreux-Brezé et
autres *libéraux* de même trempe, dont les opinions *quasi-républicaines* se produisent de temps à
autre au grand jour pour l'édification des partis.

Quel a été le résultat de toutes ces flagorneries,
de ces hypocrisies maladroites, tranchons le
mot, de toutes ces petites bassesses jésuitiques?
Prêtez-moi toute votre attention.

Un des effets inévitables de toute commotion
politique est la suspension momentanée des
affaires et le froissement d'une foule d'intérêts
privés. Pas plus que tout autre, le gouvernement
de Juillet ne pouvait arrêter ou prévenir un état
de choses fâcheux, sans aucun doute, mais dont
il a su, par une politique sage et persévérante,

abréger la durée et prévenir le retour. Qu'a fait
le *parti?* Heureux d'une circonstance que tout patriote eût sincèrement déplorée, il s'est hâté de
l'exploiter à son profit. « Voyez, a-t-il dit au
» commerce, avec quelle indifférence le gouver-
» nement, auquel vous avez jusqu'ici prêté un
» si imprudent appui, contemple vos désastres !
» Aujourd'hui, qui peut garantir vos fortunes ?
» Qui vous offre sécurité pour vos spéculations
» lointaines ? Que recueillez-vous maintenant
» pour prix de vos fatigues et de vos veilles ?
» Hommes de l'industrie, venez, venez à nous;
» avec nous, avec nous seuls la prospérité com-
» merciale de la France retrouvera tous ses
» élémens; ne vous souvient-il plus des heureux
» temps de la restauration? »

Qu'a répondu le commerce à de semblables
avances? Qu'on se rappelle l'emprunt national
de 1831 et qu'on jette les yeux sur les tableaux
progressifs des fonds publics.

En désespoir de cause, le *parti* s'est adressé à la

petite propriété, dont il faisait fi autrefois, et la petite propriété lui a répondu, en se précipitant dans les collèges électoraux, en remettant le soin de ses intérêts aux citoyens les plus attachés aux institutions nouvelles, les plus compromis avec la Révolution de Juillet, en manifestant, dans mainte circonstance, la ferme résolution de se dévouer corps et biens à la consolidation d'un gouvernement national.

La presse, la presse elle-même a reçu les caresses de ses plus implacables ennemis, et la presse a répondu par les plus énergiques protestations.

Qu'on prête un instant l'oreille aux discours de cette jeunesse que l'on veut faire *carliste quand même*, et puis que le parti se vante, s'il l'ose.

Quelques jeunes gens, je le sais, captés par *l'entourage*, par l'esprit de caste ou de coterie, se sont jetés dans une opposition irréfléchie et dont ils n'ont point de prime abord compris la portée. Opposans par entraînement, plutôt que par système, ils ont adopté, les yeux fermés, les opinions qu'on a voulu leur imposer; ils ont reculé devant une étude approfondie de la situation morale du pays.

D'autres se sont faits légitimistes par cela seul que leurs pères l'étaient, et qu'ils n'ont point voulu répudier cette partie de la succession. Comme leurs pères, ils ont dit: « Dieu et mon Roi, » sans rechercher comment, de nos jours, il fallait servir Dieu et comprendre la royauté.

D'autres sont restés légitimistes pour rester *hommes comme il faut*; or, suivant certains, n'est pas *homme comme il faut* qui n'est pas légitimiste.

J'en connais encore qui se font un point d'honneur d'une résistance qu'ils condamnent dans le fond de leur cœur, mais dont ils ne démordront pas par amour-propre.

Il ne me serait point difficile d'en signaler plus d'un qui ne s'est jeté dans les rangs de la contre-révolution que par pure spéculation, et qui s'est fait le champion, le spadassin de la légitimité qui le paie.

Plusieurs ont cédé à l'habitude, peut-être aussi à l'espoir que les opinions dout ils caressent les erreurs finiront par triompher.

Il en est enfin qui, sortis du manoir paternel pour entrer aux écoles militaires, et de là s'élancer dans l'armée, façonnés au joug de la discipline; étrangers aux mouvemens de la société, n'ont point su comprendre le gouvernement représentatif? Ils eussent bien plus facilement compris le despotisme militaire.

Mais ces jeunes gens combien sont-ils? Comptez-les autour de vous, mon cher Eugène, et voyez s'il n'y a point, pour le *parti*, présomption et mauvaise foi à dire : « à moi la jeune France ! »

L'armée aussi n'a-t-elle pas eu ses flatteurs? N'a-t-on pas essayé de répandre des doutes sur sa fidélité? Pour toute réponse, qu'a fait l'armée? Elle s'est resserrée plus que jamais autour du drapeau tricolore, et fière d'une courte, mais glorieuse expédition, elle a salué de nouvelles acclamations le Roi qui jadis combattit dans ses rangs, et le jeune prince qui s'est montré digne de son père.

Ainsi, mon jeune ami, partout refus, partout défaite, et cependant le parti espère encore.

Voyons donc sur quoi reposent ces espérances qui vous étonnent et que vous ne pouvez comprendre.

Deux journaux se sont constitués les principaux organes du parti légitimiste, *la Quotidienne* et la *Gazette de France.*

La *Gazette* a la prétention de produire au grand jour ses doctrines. Sa franchise, dit-elle, doit lui concilier quiconque aime le pays; car ce ne sont point des intérêts purement dynastiques qu'elle a en vue, mais les seuls intérêts nationaux.

C'est sous le masque du bien public qu'elle prétend faire illusion aux crédules, aux ignorans, à tous ceux enfin dont l'esprit indolent recule devant le moindre examen, et qui, dans une nonchalance coupable, se complaisent à jurer dans les paroles du maître sous la bannière duquel l'intérêt ou le hasard les a placés.

Ce masque, il est facile de le faire tomber. La *Gazette* a beau le nier, chercher à prouver le contraire, ce qu'elle veut, c'est l'absolutisme, c'est le triomphe du parti aristocratique, c'est l'influence sacerdotale sur le temporel aussi bien que sur le spirituel ; c'est Henri V, c'est la régence, c'est enfin une troisième restauration.

Détruire, bouleverser est donc son unique moyen, et elle poursuit son plan de destruction avec persévérance et, de plus, avec habileté ; quant au triomphe prochain de sa cause, elle ne le met pas un seul instant en doute. Pour elle tout est chance de fortune et d'avenir. Ces chances, elle les trouve dans les prétendus progrès des doctrines qu'elle prêche depuis trois ans et qu'elle s'étudie à faire passer au moyen d'un certain vernis de libéralisme intentionnellement répandu. Elle espère encore dans la presse, dans ce qu'elle appelle la misère publique, dans le désordre administratif qu'elle suppose, dans l'influence du parti aristocratique, dans l'envahissement du parti démocratique, dans les mécontentemens du clergé, dans la guerre civile plus encore que dans la guerre étrangère, dans la mauvaise humeur de tous ceux dont la Royauté de Juillet n'a pu admettre les prétentions, dans les désappointemens de nos radicaux, dans les manœuvres ténébreuses de ses agens, qui ont pour mot d'ordre de représenter sans cesse à l'étranger la France comme faible, comme misérable, comme prêtant le flanc aux moindres attaques, et hâtant de ses vœux une nouvelle Sainte-Alliance.

Ses espérances, les voilà.

Son but, je l'ai dit.

Certes le but est coupable, les espérances ne le sont pas moins; mais si le but est un rêve impossible, mais si les espérances ne sont qu'une suite de ces illusions qui, depuis quarante années, ont alimenté les débris de l'émigration, quelles armes employer contre elles? la vindicte publique, le mépris ou le ridicule?

Analysons une à une ses espérances.

La *Gazette* espère dans le triomphe de ses doctrines ! soit, mais d'abord quelles sont ses doctrines ? où les trouverons-nous nettement et clairement formulées ? Sont-ce les théories politico-religieuses de M. de Genoude ? Sont-ce les rêveries métaphysiques de M. de Bonald ? Sont-ce les utopies moitié absolutistes, moitié libérales de M. de Maistre ? Sont-ce enfin ces raisonnemens nébuleux qui sortent chaque matin de ses presses, et semblent faits tout exprès pour l'ébahissement de nos politiques de province qui ouvrent de grands yeux et de grandes oreilles au seul mot de franchises provinciales ?

Il ne suffit plus de parler de libéralisme, d'états-généraux, d'assemblées primaires, de suffrage universel, de libertés politiques, etc., etc. Pour persuader, convaincre et rallier le peuple, il faut encore lui faire comprendre comme quoi il serait plus heureux, plus libre, plus riche avec les états-généraux, les états provinciaux, le suffrage universel et toutes ces libertés si soudainement sorties du cerveau de gens qui n'avaient pas assez d'éloges pour le despotisme de M. de Villèle, voire celui de M. de Polignac, et qui, dans le temps, se sont faits les défenseurs les plus ardens de la censure, du double vote et du droit d'aînesse. Le peuple a été plus d'une fois trompé, il peut l'être encore ; mais quelque bonne envie qu'en ait la *Gazette*, ce ne sont point elle ni ses amis qui l'entraîneront aujourd'hui à la révolte contre un ordre de choses qui assure aux riches toute sécurité pour ce qu'ils possèdent, aux pauvres laborieux du travail et du pain, aux propriétaires des droits politiques importans, à ceux qui ne le sont pas, aux professions libérales, un accès facile à tous les emplois publics.

La *Gazette* espère dans la presse !..... Dans quelle presse ? Dans la presse constitutionnelle ? il serait absurde de le penser. Dans la presse républicaine ? peut-être comme moyen de désordre. Dans la presse légitimiste ? oui, et beaucoup !...

Soit, mais cette presse légitimiste, quelle est-

elle ? Quelle influence exerce-t-elle ? La presse
légitimiste serait-elle par hasard cette foule de
gazettes qui surgissent de tous côtés, et dont les
noms des éditeurs ou gérans responsables, presque tous précédés de la noble particule, révèlent
de suite l'origine et la casté qui les patronisent ?
Je rappelais, il y a quelques mois, comment nos
républicains avaient trouvé le moyen de faire
une opinion républicaine en France par l'envoi
d'affidés qui, implantés soudainement dans une
province, s'en constituaient les organes et faisaient de la république suivant le bon plaisir du
comité central de telle ou telle société populaire ;
puis la *Tribune*, *le National* reprenaient en sous-
œuvre l'article souvent expédié de leurs propres
bureaux, et dans leur exaltation de commande,
« Voyez, s'écriaient-ils, la France n'est-elle pas
» républicaine ? »

La France a-t-elle été dupe de cette ruse gros-
sière ? A qui persuadera-t-on que la France est
républicaine, parce qu'il a plu à MM. tels ou tels

d'aller prendre domicile à tel ou tel endroit? A
qui persuadera-t-on également que la France est
légitimiste, parce qu'il a plu à MM. de la *Gazette*
d'établir une espèce de bureau de correspondance
dans telle ou telle province?

La *Gazette* espère dans ce qu'elle appelle la
misère publique! Là, le mensonge est odieux,
est infame!..... Nos fabriques, nos ateliers ne
sont-ils pas en pleine activité? Nos moissons
n'ont-elles point été abondantes? Le pain du
pauvre n'est-il pas baissé de moitié? Nos vais-
seaux ne sillonnent-ils pas les mers en toute sécurité? Nos villes, qui s'embellissent par d'utiles
travaux, par de somptueuses constructions,
n'offrent-elles point du travail à toutes les professions, à toutes les classes? Pourquoi donc toutes
ces doléances pour un peuple qui repousse également de perfides avances, une hypocrite pitié?

La *Gazette* espère dans le désordre administratif qu'elle suppose : cette espérance, n'est-
elle point aussi ridicule qu'insensée? Que dans

la reconstruction de la grande machine administrative quelques rouages nouvellement introduits
jouent encore péniblement, en gênent momen-
tanément l'harmonie, rien de plus simple, rien
de plus naturel ; la mauvaise foi peut seule tirer
parti de difficultés passagères et d'ailleurs pré-
vues. Mais où trouver dans un tel état de choses
des élémens de perte ou de destruction ? C'est
avec peine qu'on donne aux mœurs politiques
et sociales une impulsion nouvelle ; mais si les
améliorations introduites ont été sagement cal-
culées, l'impulsion une fois donnée, la société
retrouve son aplomb, son ensemble, et n'en est
que plus forte.

La *Gazette* espère dans l'influence du parti aristocratique ! Mais ce parti aristocratique, où sont
ses privilèges ? où sont ses moyens d'influence ?

Elle espère dans les progrès du parti démocratique ! je ne vois point de progrès dans les désordres de l'émeute et de la révolte. Et puis,
comment peut-on dire qu'il y a progrès quand il

y a défaite et impuissance? Du reste, quels sont les intérêts matériels blessés? Le peuple se ré-volte-t-il pour un principe? Rarement.

Elle espère dans les mécontentemens du clergé, dans la guerre civile! qu'est devenue la Vendée? Dans la mauvaise humeur de quelques ambitieux? par cela seul que les motifs de leur opposition sont connus, elle a cessé d'être dangereuse. Dans les désappointemens de nos radicaux! où sont leurs appuis dans la nation? Dans les ma-nœuvres ténébreuses de ses agens à l'étranger! que diront ces agens? que la France est faible, dévorée par les factions! qu'elle n'attend, qu'elle ne demande au Ciel qu'une restauration! Mais que répondront-ils lorsque l'étranger leur parlera d'Anvers, des quatre cent mille baïonnettes qui bordent nos frontières, des trois millions de gardes nationaux qui couvrent le pays? Eh! quoi, la nation déteste son gouvernement, son prince; elle est armée, et son gouvernement et son prince existent encore! L'étranger du reste

ne connaît-il point de longue date le parti de
Coblentz et la foi que l'on peut avoir dans ses
paroles? Et d'ailleurs, qui implore des armes contre son pays est rarement écouté.

La confiance de *la Quotidienne* n'est pas moins
grande que celle de la *Gazette ;* elle aussi
espère, mais ses espérances sont celles que l'on
devait attendre d'une feuille écrite sous l'inspi-
ration de la fraction ardente du parti légitimiste.

La Quotidienne, c'est la chouannerie, c'est la
Vendée, c'est le clergé fanatique, c'est l'émigration dans toute sa force, le pavillon de Marsan
et ses obscures intrigues ; c'est enfin l'écho, l'organe, l'interprète le plus dévoué, le plus viru-
lent de tout ce qui, depuis quarante années, a
conspiré contre la France, contre sa gloire,
contre ses libertés.

Aussi est-ce dans la guerre civile et dans la
guerre étrangère qu'espère hautement *la Quotidienne.* Alors qu'il existait, non pas une Vendée,
mais bien une chouannerie sous les ordres d'une
femme téméraire, elle faisait ouvertement des

vœux pour elle. Lors de l'expédition d'Anvers,
la Quotidienne était hollandaise. Que la France
ait la guerre, nous verrons *la Quotidienne* russe,
prussienne, autrichienne, mais française, jamais.

Ce que je viens de vous dire, mon jeune ami,
ce que vous venez de lire, je l'écrivais en partie
il n'y a pas une année. Mes pensées d'alors sont
encore mes pensées d'aujourd'hui. Plus je vois
les hommes et les choses, plus je reconnais qu'entre la France et la faction légitimiste il n'y a rien
de commun. Je reconnais aussi qu'il n'y a aucune
chance d'avenir pour un parti que repoussent les
sympathies et les intérêts nationaux.

Ce n'est donc point sous sa bannière que se
trouve le pays; ce n'est point avec lui et pour
lui que vous voterez, mon cher Eugène, je n'en
doute pas un seul instant, surtout si, comme je
l'espère, j'ai fait passer dans votre esprit toutes
mes convictions.

V.

SYSTÈME DU 13 MARS,

ou

LA FRANCE JUSTE-MILIEU.

———————

« LA Révolution de Juillet doit porter ses
» fruits ; mais cette expression n'est que trop
» souvent employée dans un sens qui ne répond
» ni à l'esprit national , ni aux besoins du siècle,

» ni au maintien de l'ordre public. C'est pour-
» tant ce qui doit régler notre marche ; nous
» chercherons à nous tenir dans un *juste-milieu*
» également éloigné des abus du pouvoir royal
» et des excès du pouvoir populaire. »

Ainsi disait le roi Louis-Philippe en réponse
à une harangue d'une députation provinciale.

Ces paroles sont aussi simples que nobles,
n'est-ce pas ? et cependant ces paroles, si pleines
de sagesse et de raison, ont soulevé des tempêtes,
et cependant ce mot de *juste-milieu*, appliqué à
un parti, est devenu aujourd'hui, auprès de
certaines factions, un terme de mépris, un titre
de proscription ! Cela vous paraît inconcevable,
mon cher Eugène ; ce n'est rien encore.

« La liberté de la France est hors de péril (*) ;
» elle repose sous la sauve-garde de la nation :
» garantie par la constitution de l'Etat, elle ne
» l'est pas moins par la volonté du Prince, par
» l'origine de sa puissance. Le premier devoir

(*) Circulaire de Casimir Périer.

» du Gouvernement est donc, en laissant la
» liberté entière, de rétablir l'ordre, et pour y
» parvenir, de rendre à l'autorité toute sa force
» et toute sa dignité. Telle est l'ambition, telle
» est la mission du ministère actuel.

» Sachez bien, Monsieur, et dites à tous, que
» le Gouvernement, jaloux d'assurer la durée
» et le développement des libertés conquises en
» Juillet et instituées par la Charte, ne recon-
» naît pour ennemis que ceux qui méditent le
» renversement des institutions ou qui con-
» spirent contre la paix publique. Il ne fait point
» la guerre aux opinions, aussi long - temps
» qu'elles ne se convertissent pas en actes con-
» traires aux lois ; mais toutes sont hostiles à
» ses yeux, dès que pour triompher elles re-
» courent à la force.

» Ces principes doivent régler votre conduite
» à l'égard des partis qui se sont manifestés de-
» puis quelque temps avec trop d'audace. Celui
» du gouvernement déchu supplée au nombre

» par le concert et l'opiniâtreté. Ses provoca-
» tions coupables, ses feintes espérances irritent
» les passions opposées, et mille bruits absurdes
» alarment les esprits défians. C'est à l'Admi-
» nistration de le réduire à l'impuissance. Une
» surveillance active, une répression sévère doit
» à-la-fois le contenir, le décourager, rassurer
» ceux qui le craignent, et confondre ceux qui
» affectent de le craindre. Mais n'oubliez pas
» que la vigilance ne doit jamais descendre à
» la persécution. Les opinions doivent être mé-
» nagées, les croyances respectées. La liberté
» des cultes surtout doit être sacrée pour le
» pouvoir comme pour tous. Il importe à la
» morale publique et à la tranquillité générale
» que jamais la dérision et l'outrage ne puissent
» atteindre ce qu'une grande partie vénère,
» et ce que les nations civilisées ont toujours
» respecté.

» D'autres partis ont paru. Des hommes,
» amis peut-être de la Révolution, mais peu

» favorables au Gouvernement qu'elle a fondé,
» professent le mépris des lois et des pouvoirs
» réguliers. Les uns, séduits par de chimériques
» espérances, rêvent un changement dans les
» formes mêmes de la société ; les autres, que
» domine un puissant souvenir, opposent un
» autre nom au nom du Prince que le vœu
» national a choisi. En irritant les défiances po-
» pulaires, l'esprit de faction a su provoquer
» sur quelques points du Royaume des désordres
» graves, des réactions odieuses. L'autorité s'est
» trouvée souvent trop faible pour lui résister.

» Il est temps que cet état de choses ait un
» terme. Si l'Administration ne se montrait forte
» et décidée, si les tentatives de désordre se
» renouvelaient encore, elles compromettraient
» la prospérité publique, elles aggraveraient les
» souffrances de l'industrie et du commerce,
» elles pourraient même ébranler chez les bons
» citoyens la foi dans la force et la durée de nos
» institutions, et altérer, aux yeux des peuples

» de l'Europe, le beau caractère de notre Révo-
» lution. Si l'ordre ne reprenait son empire et
» la société son repos, les élections prochaines
» ne seraient pas, ou du moins ne paraîtraient
» pas libres. Le rétablissement de l'ordre est
» nécessaire pour que l'origine de la nouvelle
» Chambre reste pure et que son pouvoir ne
» devienne pas l'instrument des partis.. ...»

Ces lignes, mon jeune ami, ne renferment-
elles pas tout un système, et les paroles du Roi
n'en semblent - elles pas en quelque sorte le
programme? Hésiteriez-vous un instant, dans
quelque position que vous vous trouviez, à prêter ouvertement votre concours au ministre qui
tiendrait ce langage avec la ferme résolution
d'y conformer les moindres actes de son administration? Oui, certes, me répondrez-vous,
si ce ministre, par ses précédens, par ses sentimens, son caractère connu, m'offrait toute
garantie pour l'avenir.

Eh bien! mon cher Eugène, le ministre qui

écrivait les lignes que je viens de transcrire, et qui vous frappent avec raison, c'était Casimir Périer ; or, quels que soient la fureur et l'aveuglement des factions, personne, personne, entendez-vous, n'a osé mettre un seul instant en doute la probité politique, la loyauté de Casimir Périer !

Casimir Périer ! lui aussi fut un des chefs de cette opposition si populaire, si constitutionnelle, et dont la France accueillait avec tant d'élan et d'enthousiasme les efforts généreux ; lui aussi partagea le sort de ses collègues et ne recueillit pour prix de tant de travaux, de tant de services, que les plus grossiers outrages, que la plus odieuse ingratitude. Mais il avait dit aux factions qui déchiraient le pays : « Le pays ne sera pas votre proie ; » et les factions, étonnées qu'on osât leur imposer silence, avaient lancé sur lui tout ce que l'esprit de parti peut enfanter de plus violent, de plus pervers, de plus acharné.

A chaque chose il faut un nom. Le *juste-milieu,* tel fut celui que reçut le système auquel le ministère de Périer déclara ouvertement se rallier. Cette dénomination était-elle exacte, ce système datait-il réellement du 13 Mars? c'est une question qu'il n'est pas sans intérêt d'examiner.

Évènement aussi imprévu qu'immense dans ses résultats, la Révolution de Juillet répandit l'étonnement, la stupéfaction parmi ceux-là même qui l'avaient faite ou provoquée. En effet, trône, monarchie, tout avait croulé, et soixante-douze heures avaient suffi pour renverser un Gouvernement que l'Europe armée n'avait pu imposer à la France qu'après de nombreuses et sanglantes batailles. Mais aussi c'est que de nos jours un Gouvernement ne s'impose pas. S'il est national, il résistera à tous les orages; s'il ne l'est pas, il n'est point d'armées ni de baïonnettes qui puissent lui donner force et durée.

Quoiqu'il en soit, la Révolution de Juillet

mit de suite la France en présence de l'Europe.
La crainte, la méfiance furent grandes ; le nom
du Prince que la Nation venait d'élever sur le
pavois était une puissante garantie sans doute ,
mais cette garantie ne suffisait point ; il fallait
encore en trouver de nouvelles dans les actes
d'une administration improvisée en quelque
sorte sous le canon et composée d'hommes
nouveaux que l'on craignait, avec raison , de
voir porter dans la direction des affaires cette
première exaltation°, cette ardeur révolutionnaire qui les avaient fait combattre, triompher,
mais qui, toutes puissantes pour renverser, étaient
inhabiles pour consolider, pour fortifier le pouvoir nouveau-né.

Alors que l'Europe s'attendait à un cri de
guerre, et rassemblait ses bataillons, quels furent
son étonnement et sa satisfaction de voir les
Chambres et le ministère de France proclamer
de suite, et de la manière la plus solennelle,
leur ferme résolution de rester maîtres chez eux

sans attenter aux droits des autres. Dès ce moment la Monarchie de Juillet prit racine, et les
hommes politiques de tous les partis, de toutes
les nations, furent les premiers à reconnaître
qu'elle ne pouvait périr que par ses propres
fautes.

La situation était grave, était difficile, ce ne
fut pas tout..... Des événemens inattendus la
rendirent quelques semaines plus tard périlleuse..

La Belgique se sépara violemment de la Hol-
lande ; des mouvemens insurrectionnels écla-
tèrent en Espagne, en Italie, en Piémont; la
Pologne arbora ouvertement le drapeau de
l'insurrection, et proclama son indépendance.
Ainsi partout, autour de la France, révoltes,
insurrections, partout combats au nom d'une
liberté diversement sentie, et la France était
elle-même révolutionnaire, et la France elle-
même venait de lever l'étendard de la révolte,
venait de combattre au nom de la liberté !

Position étrange, critique, n'est-ce pas ?

Que devait faire la France ? Devait-elle reprendre les armes, faire un appel à toutes les
passions, et se précipiter hors de ses frontières,
sans but, sans intérêt, sans provocation, sans
ennemis à combattre ; mais cédant à l'entraînement de quelques mots, à la puissance de
quelques souvenirs héroïques ? Devait-elle tirer
l'épée, en jeter au loin le fourreau, et, la torche
et la flamme à la main, renversant devant elle
tout ce qui s'opposerait à sa marche impétueuse,
donner au monde indigné le nouveau spectacle
d'une nation turbulente, indisciplinée, sans
morale comme sans politique, et dont les sanglantes excursions eussent rappelé celles d'Attila
et de ses barbares ?

En un mot, lors de ces derniers évènemens,
la question de guerre ou de paix se représenta
dans toute sa force. Elle fut décidée en faveur
de la paix. Est-ce à tort ? non ; car la guerre eût
compromis la Révolution, eût perdu le pays,
n'eût satisfait que les susceptibilités honorables,

sans doute, mais aveugles de quelques esprits ardens. Cette guerre n'eût point été nationale ; elle n'eût été qu'injuste et fatale, car tôt ou tard la victoire abandonne les armées qui n'ont point pour auxiliaires le bon droit et la justice. Rappelez-vous Moscou, rappelez-vous l'Espagne, et cependant quel capitaine !....

D'ailleurs, à l'époque où nous remontons, la guerre était matériellement impossible. L'armement de nos gardes nationales avait dégarni nos arsenaux, nos meilleures troupes bordaient les côtes de l'Afrique. Le licenciement de la garde royale, le renvoi des Suisses, le désordre et l'indiscipline introduits dans presque tous les corps de l'armée, la dislocation de presque tous les cadres par suite de démissions ou de la mise en réforme d'un grand nombre d'officiers, achevaient de paralyser les dernières ressources que la France pouvait espérer de son organisation militaire.

Ajoutez à cela l'agitation inséparable d'une

grande commotion politique, le discrédit de
nos finances, l'épuisement des coffres de l'État,
l'inquiétude répandue dans le pays, et par suite
la suspension totale des affaires ; ajoutez - y
les symptômes d'insurrection qui se manifes-
taient déjà dans le Midi et dans l'Ouest, les
obstacles que rencontrait à chaque instant une
administration ébranlée jusque dans ses fonde-
mens, inquiète sur sa propre existence, peu
confiante dans l'avenir, et vous n'aurez encore
qu'une faible idée des embarras de tous genres qui
assaillaient le Gouvernement sorti des barricades.

Et c'est dans de pareilles circonstances que
l'on osait implorer la guerre en quelque sorte
comme un bienfait, comme une conséquence
inévitable, nécessaire de la Révolution de Juillet?
Répondez-moi, mon cher Eugène, et dites-le
moi en toute franchise, eussiez-vous hésité un
seul instant à déclarer coupable du crime de haute
trahison au premier chef le ministre qui, en pareille circonstance, eût donné au Roi le perfide

11

conseil de r'ouvrir la lice sanglante dans laquelle s'étaient débattues pendant vingt années les destinées de la France ?....

Après tout, pourquoi la guerre ?

Qu'avait fait l'Europe pour aller de nouveau troubler sa tranquillité et la bouleverser de fond en comble ? Fallait-il s'armer du glaive pour laver dans le sang l'affront des traités de 1814 et 1815 ? Mais, comme l'a dit un homme d'esprit, les traités de 1814 et 1815 furent un malheur et non point une honte. Osera-t-on prétendre que la bataille de Waterloo soit une tache pour le nom français ? La France ne s'est-elle point bien autrement vengée, quand, à la face du Monde, elle a dit à la Sainte-Alliance : « Les rois que vous » nous avez imposés, nous les avons chassés; » les couleurs que vous avez proscrites, nous » les replaçons sur nos têtes; vous avez dit : » Guerre à la liberté, et nous avons dit : Guerre » au despotisme, vive la liberté. Par notre seule » volonté, par notre seule force, nous sommes

» redevenus maîtres chez nous, et, la main sur
» nos épées, nous vous offrons la paix, nous
» ne la demandons pas? »

A ce langage si noble et si fier, comment a
répondu la Sainte-Alliance ! En reconnaissant
le gouvernement national qui venait de s'im-
planter en Europe, en nous envoyant ses ministres, ses ambassadeurs. Je vous le demande,
la France ne fut-elle pas bien glorieuse alors,
ne fut-elle pas réellement la *grande nation ?* Et
croyez-vous que quelques batailles gagnées eussent ajouté plus à sa gloire que ce maintien
à-la-fois calme et imposant.

La guerre, il ne faut pas le dissimuler, ne
pouvait entrer que dans les vues de ceux qui
voulaient ou perdre la Révolution de Juillet,
ou qui n'avaient pas su la comprendre. C'est en
vain qu'on cherchait à éveiller dans les cœurs de
prétendues sympathies, c'est en vain qu'on mettait en avant de prétendues nécessités, c'est en
vain qu'on s'appuyait sur certaines alliances pour
tromper le pays et l'aveugler sur ses plus chers

intérêts, la France, la France presque entière repoussait la guerre sans toutefois la redouter. J'en
trouve la preuve dans ces nombreuses adresses
déposées au pied du trône, et qui toutes faisaient
ouvertement des vœux pour la paix, en décla-
rant cependant que le pays était prêt pour la
guerre, et qu'aucun sacrifice ne lui coûterait
pour assurer son indépendance et les libertés qu'il
venait de conquérir si merveilleusement. J'en
trouve encore la preuve dans l'attitude que prit
de suite la Chambre élective, la Chambre, expression légale et réelle des vœux et des besoins
du pays.

Paix au-dehors, paix au-dedans, c'était donc
le vœu de l'immense majorité des Français ; c'é-
tait le vœu des Chambres, c'était également le
vœu des cabinets qui précédèrent celui du 13
Mars. C'était déjà, vous le voyez, le système de
Périer, moins logiquement, moins nettement
formulé qu'il ne l'a été depuis; mais les principes étaient les mêmes si la direction était autre.

En temps de révolution, il faut le reconnaître,
il est peut-être plus facile pour un gouvernement
nouveau-né de se faire respecter au-dehors, que
de se faire respecter, obéir au-dedans. Là où il
n'y a point perturbation, les discussions sont
calmes, sont réfléchies, les difficultés se comp-
tent, les chances s'étudient, les moindres actes
sont l'objet d'examens sérieux, approfondis. Ce
n'est qu'après de graves et longues méditations
qu'un souverain se décide à pousser ses bataillons
sur une nation voisine, surtout quand cette nation est la France. Là, au contraire, là où il n'y
a que révolution et tourmente, la passion seule
domine, il n'y a qu'entraînement et jamais discussion. Les ministres de 1830 en eurent de
suite la pénible conviction ; ils avaient su, par
un langage ferme, énergique, conquérir la paix
au-dehors, ils furent impuissans pour la consolider au-dedans. Cette impuissance, il faut l'attribuer sans doute, et en grande partie, aux circonstances, mais il faut aussi l'attribuer aux

hommes qui, placés alors à la tête des affaires,
n'avaient pas compris qu'il y a des époques
où le mot de *gouverner* peut se traduire par
celui de *résister*. Eh bien, ces hommes ne su-
rent résister ni à l'émeute qui promenait sa tête
hideuse dans nos carrefours, qui assaillait nos
gardes nationales, détruisait nos monumens,
pillait les églises, et fière de son impunité, ne
respectait pas plus le domicile que les propriétés
des citoyens, ni même à cette foule d'intrigans
qui encombraient les avenues du pouvoir, et
qui, dans leur avide cupidité, ne demandaient
que réactions, que victimes, parce qu'il leur fallait
des dépouilles. Et cependant, mon cher Eugène,
ces hommes-là étaient d'excellens citoyens, des
patriotes aussi sincères que dévoués, ne désirant
que le bien ; mais d'accord sur le but, l'étaient-
ils sur les moyens ? Non ; et de là ce manque
d'homogénéité, et de là ce manque d'action,
cette absence totale de direction qui rendaient
l'administration sans force, sans influence, sans

considération, et la livraient sans défense aux attaques des méchans.

Je n'examine pas si quelques-uns des membres de ce cabinet n'étaient point sous le joug d'engagemens secrets qu'ils n'avaient osé rompre, si, par faiblesse, par calcul, par tout autre motif enfin, ils ne se laissaient point aller à des inspirations étrangères et fatales, ceci c'est une question d'hommes qu'il faudrait discuter, et je ne prétends ni ne veux le faire. Je me borne à constater un fait.

En un mot, le système politique suivi depuis avec autant de persévérance que de succès était déjà tout tracé; ce système avait pour lui la royauté, les Chambres, le pays, mais à ce système il manquait une volonté, un homme; cet homme fut Casimir Périer; ce système, il le fit triompher, mais aussi il mourut à la peine; mort bien prématurée, bien déplorable sans doute, mais aussi mort bien glorieuse.

C'est donc du 7 Août, de l'établissement de la

nouvelle royauté en France, que date la création de ce que l'on appelle aujourd'hui le système du 13 Mars, ou, pour me servir de l'expression des partis, le système du *juste-milieu*.

Le ministère du 13 Mars fut donc un ministère de résistance. Périer ne se le dissimula pas, et pourtant il ne recula point devant une tâche qui eût effrayé les plus présomptueux, les plus forts. Il était homme de cœur, et de plus homme de conviction, mais aussi il prévoyait, il savait que tous les véritables patriotes, que tous les amis de l'ordre et de la liberté lui prêteraient de suite, et sans arrière-pensée, ce concours de tous les instans qui lui donna tant de force et le fit triompher malgré tant d'obstacles.

Il ne fallait du reste rien moins que cette certitude pour le soutenir dans la voie glorieuse, mais si pénible, mais si dangereuse qu'il s'était tracée.

Il n'est pas inopportun, mon cher Eugène, de faire passer ici sous vos yeux un aperçu ra-

pide de la situation de l'Europe à l'époque de la
formation du nouveau cabinet.

Au-dehors comme au-dedans, tout était confusion, tout était désordre, tout était danger,
tout était cause de guerre.

La Belgique, fatiguée d'émeute et d'anarchie,
luttant alors contre deux partis également puis-
sans, effrayée, en quelque sorte, de sa liberté,
de son isolement, succombant sous ses propres
embarras, se défendant avec plus de bonheur,
peut-être, que de talent contre les menées d'une
diplomatie habile et contre-révolutionnaire ; la
Belgique, après avoir demandé à la France un
Roi qu'elle ne pouvait lui donner, se voyait de
guerre lasse réduite à recevoir un souverain
des mains d'un gouvernement dont, plus que
toute autre, elle redoutait l'influence, tant dans
l'intérêt de sa politique que dans celui de son
industrie, et ce Roi, elle le cherchait, elle le
recevait en présence d'un prince, dépossédé, il
est vrai, mais puissant par les souvenirs qu'il

avait laissés derrière lui, puissant par ses alliances,
puissant par l'appui qu'il trouvait dans un peuple rival qui jurait de vaincre ou de périr avec
lui, puissant enfin par cette opinion habilement
propagée que le prince qui le premier avait répondu au cri de liberté poussé par la France,
qui le premier avait reconnu Louis-Philippe
roi de la Révolution, ne pouvait être flétri,
repoussé comme un monarque ennemi de la
France et de la liberté.

La Prusse, effrayée des symptômes d'insurrection qui venaient de se manifester dans ses
provinces rhénanes, blessée dans ses intérêts de
famille et de nation par l'expulsion des Nassau,
armait en toute hâte, et n'hésitait point à accuser
le gouvernement français de faiblesse ou de félonie, lui qui ne savait se défendre contre les factions, ni imposer silence à cette propagande
inquiétante pour tous les trônes et dont par sa
tolérance il se rendait en quelque sorte complice.

La Pologne soutenait héroïquement une lutte inégale, mais qui devait être si funeste pour elle, la Pologne dont le nom seul éveillait dans nos cœurs de si vives sympathies, et qui dans sa détresse en appelait à cette France pour laquelle autrefois elle avait répandu tant de sang, mais qui alors ne pouvait rien faire pour elle.

Le sein déchiré par ses propres enfans, la Suisse était livrée aux horreurs de la guerre, et revendiquait, les armes à la main, ses anciennes libertés dont s'était emparée une aristocratie puissante. C'était aussi la France qu'elle demandait, la France qu'elle implorait, comme sa protectrice naturelle, comme son alliée nécessaire.

Les mouvemens de Leipsick, de Dresde, de Francfort n'avaient que trop révélé les dispositions fâcheuses de certains esprits de l'Allemagne, mis en fermentation par suite des évènemens de France, et agissant, du reste, sous l'influence et la direction de sociétés secrètes dont le foyer le plus actif était à Paris, d'où partaient les

instructions et les mots d'ordre au su de quelques influences gouvernementales.

En Piémont, des tentatives aussi insensées que
fâcheuses dans l'intérêt de la liberté avaient
forcé un pouvoir ombrageux et méfiant à se
tenir sur ses gardes, à redoubler de sévérité et de
vigilance. Là aussi on accusait la France de prêter
un appui secret aux mécontens.

En Espagne, la révolte de l'île de Léon, l'insurrection de Cadix, les excursions des réfugiés
qui s'élançaient des frontières d'un gouvernement qui se disait ami sur le territoire espagnol
et venaient y jeter la perturbation, étaient le
motif de justes craintes, étaient le prétexte de
récriminations vives et malheureusement trop
fondées.

En Italie, dans les États romains, en Lom-
bardie, à Modène, l'insurrection levait la tête;
des princes étaient chassés; les dépositaires de
l'autorité royale étaient violemment expulsés de
leurs siéges, et c'est encore aux cris de *vive la*

France ! souvent même le drapeau tricolore à la main, que les révoltés prétendaient imposer leurs lois.

Ces mouvemens insurrectionnels étaient-ils motivés? peu m'importe : ce n'est point là la question. Ils pouvaient paraître, ils peuvent encore paraître tels à d'excellens esprits ; mais les gouvernemens, qui en redoutaient avec raison les conséquences, ne pouvaient en traiter les auteurs qu'en factieux, ne pouvaient que garder rancune et méfiance contre la nation qui, dans son ardeur révolutionnaire, offrait asile et secours aux ennemis de toutes les monarchies européennes.

Il est donc juste de dire que, lors de la formation du ministère Périer, la France était en état de suspicion vis-à-vis de toute l'Europe, sauf toutefois de l'Angleterre, qui, débarrassée d'un ministère anti-libéral et devenu insupportable au pays, s'identifiait avec la politique de la France, et resserrait chaque jour de plus en plus une alliance si impatiemment attendue par tous les amis de la monarchie constitutionnelle.

Cet état de suspicion, il faut le reconnaître, mon jeune ami, était légitime. Dans toutes les commotions qui venaient mettre à chaque instant en question l'avenir de tous les trônes, l'influence de la France se révélait d'une manière incontestable, et cependant l'Europe resta l'arme au bras !

Le fit-elle par crainte? ce n'est pas à croire. Par prudence? peut-être, mais surtout elle le fit par prévision, elle le fit parce qu'elle sentit de suite qu'un état de choses aussi violent, si contraire à toutes les idées reçues en morale comme en politique, ne pouvait avoir longue durée.

La Révolution française, privée d'appui et de sympathie au-dehors, ne pouvait se sauver que par elle-même et par un changement complet de système, soit à l'intérieur, soit à l'extérieur, ou plutôt (car, je le répète, le système a constamment été le même) par une direction ferme, énergique, qui, tout en imposant silence aux factions, offrît toute garantie aux puissances étrangères; sinon elle devait périr de sa propre faiblesse ou rendre le dernier soupir sous les coups de ses propres enfans.

Quelque antipathique qu'elle lui fût, l'Europe eût préféré cependant voir la Révolution française s'asseoir et se consolider sous une main habile, plutôt que de la voir crouler par suite d'une catastrophe dont les résultats, sans doute, eussent tourné à la honte de l'esprit révolutionnaire, mais dont les suites eussent été longues et sanglantes.

L'avènement de Casimir Périer aux affaires fut donc reçu par elle avec une vive satisfaction. On savait ce qu'il valait; on savait d'avance ce qu'il voulait, ce qu'il promettait; on savait de plus que ce qu'il promettait il le tiendrait. Dès ce moment, la question de guerre ou de paix fut irrévocablement jugée. Un seul mot de Périer opéra ce que n'eût pu faire peut-être un triple cordon de baïonnettes. Paix au-dehors, paix au-dedans, avait-il dit, comme ses prédécesseurs. La paix était conquise au-dehors, il fallait la conquérir au-dedans; était-ce plus facile? Examinons.

Les évènemens de Juillet, je vous l'ai dit, mon cher Eugène, avaient amené aux affaires des hommes honorables investis à juste raison de la considération publique, mais qui, divisés d'opinions, de sentimens, de convictions, sur les moyens de fortifier le pouvoir, enlevèrent de suite au cabinet ce caractère précieux d'homogénéité, si nécessaire en temps calme, si indispensable en temps de révolution. Ce défaut d'homogénéité tenait non-seulement aux causes que je viens de dire, mais encore à la composition même du ministère qui réunissait dans son sein des ministres à porte-feuille, des ministres sans département. Cette division établissait infailliblement une lutte constante entre ceux chargés de l'exécution des actes et ceux qui ne participaient à la direction des affaires que par leurs votes. C'est

à ce ministère cependant que la France fut redevable de ce système de non intervention, système flexible, sans doute, et qui ne peut avoir
la rigueur d'un principe, mais qui, néanmoins,
fut déjà un grand pas de fait dans cette ligne de
modération adoptée par la suite, et qui seule a
préservé la France de malheurs incalculables.

Ce système souleva la tourbe de nos propa-
gandistes; aux yeux de certains, il avait le tort
d'être inapplicable; aux yeux de presque tous, il
avait le tort bien autrement grave de mettre à
l'index l'esprit révolutionnaire. Proclamer le système de non intervention, c'était dire : « La
France veut être maîtresse chez elle, et ne prétend point être maîtresse chez les autres. » Or,
la propagande voulait régner, être maîtresse
partout, et elle n'ignorait pas que ce n'était
qu'en entraînant le gouvernement lui-même à
des bouleversemens qu'elle pourrait arriver à
son but.

Ce système de non intervention ne pouvait

avoir de force que celle que lui donnerait le concours des Chambres. Ce concours ne lui fut point refusé ; mais s'il y eut majorité, immense majorité en sa faveur, il n'y en eut pas moins contre lui une minorité active, ardente, qui, certes, ne représentait point la France, mais qui avait derrière elle cette partie de la population révolutionnaire qui ne pouvait se dissimuler que l'état de paix lui enlevait son importance politique, et (tranchons le mot) la remettait à sa place. Telle fut l'origine du parti du Mouvement, parti qui, depuis, a pris un titre plus significatif, une couleur plus tranchée.

Qu'arriva-t-il ? C'est que la propagande, battue dans la nation, c'est que la minorité, battue dans les Chambres, se trouvant dans l'impuissance d'exercer une influence quelconque au-dehors, se rejetèrent sur le pays et y introduisirent plus que jamais le trouble. « Il faut à la » France, me disait un député de l'Opposition » après une émeute, une *forte saignée* ; faisons

» la guerre et poussons au-delà des frontières ce
» *mob* turbulent qui porte le désordre en ses
» flancs. C'est ce que ne comprennent point vos
» ministres. »

Cet aveu me paraît naïf ; il fallait faire la
guerre pour se débarrasser d'une faction turbulente , et celui qui me tenait ce langage était lui-
même un démagogue prononcé ; lui-même, il
briguait les applaudissemens , les *houras* de ce
peuple qu'il traitait si cavalièrement.

Le même jour qui donna naissance au parti du
Mouvement vit naître celui de la Résistance ; ce
parti se composa de la majorité des Chambres,
majorité imposante et d'autant plus forte qu'elle
marchait avec la France constitutionnelle , avec
la France des 221 , avec cette France qui voulait
de la liberté ; mais qui ne la comprenait qu'avec
l'ordre et la royauté.

Le Mouvement d'alors, c'était, mon cher Eugène, la guerre au-dehors, une administration
partiale au-dedans; c'était une révision complète,

la réforme radicale de toutes les institutions exis-
tantes, c'était le soulèvement des classes les unes
contre les autres, c'étaient les funestes doctrines
de l'impôt progressif et de l'impôt somptuaire à
l'exclusion des impôts indirects, au dommage de
la propriété, c'était la turbulence des clubs et
les émeutes de la place publique, c'était le phi-
losophisme au lieu de la philosophie, l'intolé-
rance au lieu de la liberté des cultes, les mesures
exceptionnelles, *dites* transitoires, au lieu du
droit commun et de la marche régulière des lois ;
c'était enfin un état de choses violent, consé-
quemment précaire, ce que n'aperçoivent point
les partis triomphans qui croient toujours à la
durée, mais ce que voyait bien la sagacité contre-
révolutionnaire empressée à seconder ce fatal entraînement, d'abord avec une adresse perfide et
bientôt par une alliance plus évidente que la
lumière.

Tel était le Mouvement en 1831; s'il fallait
parler du Mouvement tel qu'il se qualifie aujour-

d'hui, je me servirais de termes bien autrement énergiques.

Le ministère, trop préoccupé de ménager les partis, et forcé néanmoins uniquement de défendre son existence, en présence d'une Chambre toute constitutionnelle, et qui, entrevoyant l'abîme dans lequel on entraînait le pays, ne marchait qu'avec méfiance et circonspection, absorbé d'ailleurs par les discussions continuelles qui s'élevaient dans son sein, cédant, sans s'en douter, à un système de concessions funestes, aimait à se faire un doux oreiller en fermant les yeux à dessein, ne voulait point voir là où était le mal (*).

Et cependant, chaque jour la position deve-

(*) Dans les émeutes qui troublèrent à tant de reprises la tranquillité de la capitale, le ministre de l'intérieur, alors M. de Montalivet, fit preuve d'une fermeté qui l'honore à jamais; malheureusement il ne fut pas secondé comme il devait l'être. Qu'on se rappelle les explications données aux Chambres. M. de Montalivet fit partie du nouveau ministère, à la formation duquel il n'avait point été étranger. On le vit avec plaisir.

nait de plus en plus intolérable; presque partout, dénuée de force et de considération, l'autorité se trouvait dans la nécessité de pactiser avec l'émeute ou de succomber devant elle. Dans quelques localités, des gardes nationales, oubliant leur noble mission, entraînées par de perfides suggestions, égarées par les souvenirs de 1815, se laissaient aller à des actes coupables qu'elles ne regardaient que comme de justes représailles. A Montpellier, à Nîmes, à Perpignan, des prêtres inoffensifs étaient chassés de leurs chaires par des gens qui se prétendaient libéraux et prêchaient la liberté des cultes; à Marseille, à Aix, à Avignon, la faction carliste préparait ses armes et dissimulait à peine ses projets criminels; dans la Vendée, l'insurrection s'organisait à ciel ouvert. Là des magistrats étaient insultés sur leurs bancs; ici des fonctionnaires étaient assaillis à coups de pierres; plus loin les registres des octrois étaient brûlés par une populace ignorante et brutale qui ne voulait pas comprendre que ces octrois entre-

tiennent les hôpitaux, enrichissent les bureaux
de bienfaisance, et leur assurent du pain dans
leur misère. Dans quelques départemens, c'é-
taient des arbres de liberté que l'on plantait, que
l'on coiffait publiquement du bonnet rouge, aux
chants de *la Carmagnole*. Et Paris, Paris, le siége
du gouvernement! Paris! dont les murs renfer-
maient une garnison considérable, une garde nationale nombreuse et dévouée, si éminemment
intéressée au maintien de l'ordre, au respect des
propriétés; Paris! que faisait-il? que s'y passait-il?.... Il m'est trop pénible de le dire... D'ailleurs vos souvenirs ne sont-ils pas encore pal-
pitans?

Le ministère qui précéda celui du 13 Mars se
retira devant la majorité législative. La confiance
des Chambres, celle du pays, appelaient Périer
aux affaires. Il fut ministre.

Je vous ai rappelé, mon cher Eugène, ses
premières instructions. N'avais-je point raison de
dire qu'elles étaient tout un système?

Résister, telle fut donc la mission du ministère du 13 Mars, telle fut la mission qu'il reçut de la volonté du Roi, du vœu de la nation, de l'impérieux commandement du salut public.

Voyons s'il l'a remplie.

Accueilli par les acclamations les plus générales, Périer sentit de suite qu'il ne devait marcher qu'avec et pour le pays ; mais le pays, il n'alla point le chercher sur la place publique ni parmi les factions qui agitent la patrie, la déchirent, en sont les plus cruels ennemis. Il savait que ce mot *peuple*, mis si souvent en avant par de prétendus amis, n'était en politique qu'une abstraction dangereuse, indéfinissable, et qui servait de masque à tous les partis. Il vit le peuple là seulement où se trouvaient son expression légale, son organe légitime ; il le vit dans les mandataires qu'il s'était choisis, dans la représentation nationale. C'est les yeux constamment fixés sur elle qu'il dirigea sa politique du dehors comme celle du dedans. Il n'eut point la prétention d'imposer ses doctrines, il fut heureux et fier au contraire de céder à l'impulsion d'une majorité qui s'était dessinée largement, et qui, dans aucune circonstance, ne lui refusa son concours.

La position une fois nettement tracée, le ministère du 13 Mars, que je ne fais que personnifier en Casimir Périer, s'empressa de donner à l'administration une direction tout autre. Convaincu que la France ne voulait que la Charte ; mais toute la Charte, il n'alla point examiner si l'Hôtel-de-Ville avait eu en effet son programme, si l'Hôtel-de-Ville avait eu le droit de l'imposer, si enfin il existait entre le Roi des Français et la nation souveraine un autre contrat que celui du 7 Août. Pour lui, cette question n'en était pas une, et c'est cette conviction qui lui donna la force nécessaire pour faire le bien, pour arrêter le mal.

Les lois étaient méconnues, violées à chaque instant, il les fit exécuter. L'émeute prétendit de nouveau régner en souveraine, il la dompta.

La propagande redoubla d'injures, de provocations; il se mit au-dessus des injures et sut faire justice des provocations. Tout fonctionnaire qui, par faiblesse ou par tout autre motif, transigea avec les devoirs que lui imposait la confiance du Roi, il l'écarta. Une prétendue association nationale s'éleva, grandit, chercha, sous un prétexte spécieux et qui pouvait séduire quelques gens honorables et patriotes, à opposer une organisation nouvelle et révolutionnaire à l'organisation légale et politique de la société : il la fit dissoudre. Perpignan, Grenoble, Lyon se révoltèrent ; Perpignan, Grenoble, Lyon rentrèrent bientôt dans l'ordre, et leurs gardes nationales licenciées rappelèrent aux citoyens qu'ils doivent respect, obéissance et force à la loi. La Vendée prit les armes; ceux de ses chefs qui les premiers se produisirent en campagne furent poursuivis, arrêtés, désarmés, livrés aux tribunaux. La liberté, il la voulut, mais il la voulut pour tous, et fut également sans pitié pour les chouans qui pillaient, égorgeaient, comme pour certains patriotes qui ne voyaient dans la guerre civile qu'une occasion heureuse d'assouvir d'odieuses vengeances.

Le ministère du 13 Mars fut outragé, calomnié par toutes les factions ; il devait s'y attendre, il n'appartenait à aucune. On l'accusa de lâcheté, de félonie, de livrer le pays à l'étranger, de lui sacrifier ses intérêts, son honneur, d'être enfin maîtrisé par une peur honteuse. Que fit-il en réponse ? Il jeta deux fois le gant à l'Europe : à Ancône, en Belgique.

A Ancône, il montra le drapeau tricolore aux patriotes de la Romagne, annonçant par là que la France était prête à repousser toute nouvelle invasion autrichienne et à protéger les populations contre l'excès du *sbirisme*.

Est-ce ainsi qu'il prouvait qu'il était ennemi de la liberté ?

En Belgique, il vola au secours de l'allié de la France, soutint le nouveau trône ébranlé.

Est-ce ainsi qu'il prouvait qu'il était faible et que la France ne savait pas protéger ses amis?

En un mot, deux fois il trancha par l'épée les questions les plus irritantes, et l'Europe resta immobile!...

Il était donc bien fort ce ministère du 13 Mars, car il faisait de grandes et nobles choses et ne consultait que son devoir! Oui, mon jeune ami, il était fort, bien fort, parce que, je vous le répète, il avait avec lui la représentation nationale, expression réelle, je le répète encore à dessein, et seul organe légitime du pays.

Les élections de 1831 étaient une épreuve sérieuse. Elles avaient une importance égale à celles qui se préparent. Quel en fut le résultat? La majorité se représenta plus imposante, plus compacte que jamais, plus que jamais inaccessible aux mesquines intrigues qui essayèrent plus tard de la diviser.

Aussi, avec quelle confiance Périer se représenta-t-il devant elle? Avec quel abandon il lui

soumit la situation du pays et réclama de nouveau son appui. Tout dire était pour lui comme
pour ses collègues un besoin de tous les instans.
Une question difficile, ardue, se présentait-
elle ? il n'hésitait pas à la soumettre aux lumières
de la Chambre, et ne reculait jamais devant la
moindre explication ; un évènement inattendu
venait-il du dedans ou du dehors compliquer la
position, la rendre plus grave, il se hâtait d'en
faire l'objet d'une discussion publique, et dans
ces discussions, combien il était grand et patriote.

De cette franchise constante il résulta un avan-
tage immense dans l'intérêt du pouvoir, c'est
que le système du Gouvernement se révélant en
quelque sorte chaque jour, tous ses agens, à
quelque échelon de la hiérarchie administrative
qu'ils appartinssent, avaient les yeux continuellement fixés sur les Chambres et puisaient dans
les paroles du ministre une nouvelle force, une
nouvelle confiance.

Le système du 13 Mars, ou le *juste-milieu*, si

vous le préférez, entrait donc peu-à-peu dans tous les esprits et se mettait à la portée de toutes les intelligences. S'il ne se *popularisait* pas, dans le sens que l'on attache au mot *popularité;* s'il ne faisait pas fortune dans les officines de certains journaux, dans les comités de certaines sociétés, il n'en prenait pas moins racine en France, il n'en faisait pas moins de rapides progrès malgré les efforts d'une Opposition qui, plus tard, se fit ouvertement hostile et qui s'étudiait alors à représenter ce système comme essentiellement impopulaire.

Impopulaire!... le juste-milieu! Et pourquoi l'eût-il été? Et comment pouvait-il l'être? Que les *émeutiers* de profession, que les *clubistes* de taverne, que quelques écrivains passionnés, que quelques intrigans habiles le prétendissent, rien de plus juste, ils y étaient contraints pour ne pas se suicider; mais soutenir que la France entière repoussait ce ministère comme impopulaire, comme antipathique, voilà où était le mensonge.

Ne puis-je pas à mon tour demander s'il n'eût pas été bien impopulaire, bien antipathique, le ministère qui, perdant de vue l'esprit de Révolution de Juillet, eût poussé aux réactions une population ardente et relevé à-la-fois les échafauds de 93, les prévôtés de 1815; qui, sans remords, sans motifs, sans discernement, prêtant l'oreille aux plus basses délations, eût été jeter le trouble dans les familles, et, après deux années, bouleverser l'existence de ceux qui, sur la foi d'un serment, n'avaient point hésité à se rattacher à un Gouvernement qu'ils croyaient protecteur; qui, pour satisfaire les vœux frénétiques d'une propagande furibonde, se fût constitué l'ennemi de toute l'Europe, eût épuisé les finances du royaume, fatigué les populations de réquisitions arbitraires; qui, sacrifiant aux bravos de la place publique l'honneur et les intérêts de la France, eût appelé sur elle les malheurs incalculables d'une guerre de principes; qui, enfin, loin d'être le ministère d'une grande nation, se fût mis à la merci d'une faction et en eût été à-la-fois le valet et l'instrument.

Oh! certes, ce ministère eût été impopulaire, antipathique, odieux. Eh bien! le ministère du 13 Mars réunit-il une seule de ces conditions d'impopularité?

N'est-ce pas à lui que le pays a dû le bienfait d'une paix qui, quoi qu'on dise, n'est point un leurre (*), qu'on a dû de voir nos ports reprendre leur activité, nos ateliers se repeupler, nos produits s'écouler plus facilement et à des prix toujours croissans? N'est-ce pas à lui qu'on a dû le rétablissement du crédit public, le retour de l'ordre dans nos finances, du calme dans nos provinces?

Ah! croyez-moi, ceux qui vous tiennent ce langage ne sont pas plus les organes de l'opinion

---

(*) « Le nom seul de Casimir Périer est pour nous un traité de paix, » disait M. Ancillon, ministre des affaires étrangères, en Prusse, à un de mes amis qui avait l'honneur de l'approcher.

publique que les *charivariseurs* de Metz, Colmar, etc., ou les *émeutiers* républicains de Paris et Lyon.

L'opinion publiqué, la véritable opinion publique, voulez-vous la connaître ? Interrogez le peuple ; non pas ce peuple qui remplit les salons aristocratiques de quelques coteries contre-révolutionnaires, non pas ce peuple que la misère et l'ignorance mettent à la merci du premier qui le paie ou le trompe, mais ce peuple qui, malgré l'intrigue, la fraude, la corruption, renvoyait à la Chambre élective les 221 votans de l'adresse ; mais ce peuple qui a salué de ses acclamations la royauté de Louis-Philippe ; mais ce peuple qui s'est précipité dans les rangs de l'armée et de la garde nationale, prêt à défendre le Roi et la Constitution de 1830 ; mais ce peuple qui possède, qui paie, au besoin, de sa personne comme de sa fortune ; ce peuple enfin que les factions contraires appellent et convient à se grouper autour du bonnet rouge ou du drapeau

blanc , mais qui veut rester autour du drapeau
tricolore , parce que c'est celui de la nation,
de la gloire, de la liberté.

En un mot, mon cher Eugène , le ministère
du 13 Mars a duré quatorze mois. Pendant ces
quatorze mois, la paix s'est consolidée au-dehors,
le calme a reparu au-dedans , l'industrie a repris
son activité , les capitaux sont rentrés dans la
circulation , le crédit public s'est relevé , de
52 francs les fonds 3 pour 100 sont remontés
successivement à 70. Sur la simple invitation
d'un citoyen obscur, vingt millions ont été versés
dans les caisses de l'État en échange d'inscriptions *au pair,* alors qu'elles perdaient plus de 20
pour 100 ; tels ont été les résultats du système
du *juste-milieu.*

Le Roi parcourt les départemens, partout on
le félicite de la sagesse de son gouvernement,
et on dit : « Le *juste-milieu* est impopulaire ! »

Casimir Périer descend dans la tombe ; le
peuple se précipite sur les pas de son cortège ;

ceux-là même parmi ses amis politiques qui se
sont séparés de lui, versent des larmes sur la
terre qui couvre ses dépouilles et qui va recevoir
le monument que lui élève la reconnaissance
publique, et l'on dit : « La mémoire de Casimir
Périer est odieuse ! »

Jugez, par ce seul exemple, combien il est
difficile d'écrire l'histoire, même en présence des
faits !...

Le système du *juste-milieu* a survécu à celui
qui en fut un des plus courageux défenseurs.
Passé en d'autres mains, a-t-il perdu de sa force,
de sa vitalité? S'est-il perverti? S'est-il corrompu?
S'est-il depuis montré contraire à l'influence qui
l'avait créé? Enfin est-il encore dans toute sa
pureté?

Vous me le demandez, mon cher Eugène;
vous me dites que vous auriez voté pour lui en
1832 ; vous voulez savoir si vous devez encore
voter pour lui en 1834? Laissons parler les évènemens, nous conclurons ensuite; mais aussi,

permettez-moi, maintenant, et avant de terminer cette lettre, une simple question :

Si le système du 13 Mars fut une pensée féconde et salutaire, si, dans ce que vous venez
de lire, vous reconnaissez que je n'ai écrit que
sous la dictée de la vérité, méritai-je d'être
accusé de flatterie quand je fais remonter plus
haut la reconnaissance du pays?

VI.

DES MINISTRES

ET DES CHAMBRES.

—

Je me hâte de le déclarer, mon cher Eugène, je ne suis *les os des os, ni la chair de la chair* de qui que ce soit, et pourtant je suis ministériel ! — Ministériel, vous ! mais ce n'est pas possible, vous que j'ai tenu jusqu'à présent pour un citoyen honnête, consciencieux, ami de son pays, ne voulant que ce qui est bien, combattant avec énergie ce qui est mal, vous, si indépendant dans vos opinions, si entier dans vos convictions, si libre dans vos actes, vous seriez ministériel ; non, je vous le répète, le mot que vous venez de lâcher n'est qu'un *lapsus linguæ ;* ministériel, non, vous ne l'êtes pas !

Et moi, mon cher Eugène, je vous dis que je le suis, et que je veux l'être ; et cependant je me crois, comme vous le dites, un fort bon citoyen ; je me crois homme de bien autant que qui que ce soit en France ; j'ai de plus la certitude que mes convictions sont à moi, que mes opinions sont bien miennes, que je n'obéis qu'à ma propre impulsion, et personne, je l'espère, ne mettra en doute ni mon indépendance ni ma loyauté.

Cette déclaration, aussi franche que précise, vous étonne, mon jeune ami, et vous avez peine à la concevoir. Vos oreilles, encore frappées de

ces épithètes que se renvoient successivement
les partis, et qui toutes finissent par se confondre en un seul mot de ralliement, en un seul
cri : *guerre au ministère!* reçoivent avec méfiance
et douleur un aveu que, par un reste d'égards
pour mes cheveux blancs, vous voulez bien ne
point qualifier. J'en suis fâché, mais que faire?
Ce n'est point à mon âge que l'on se dé-
pouille de ses opinions; à mon âge les conver-
sions sont rares et difficiles; si j'ai tort, il est
grandement à croire que je resterai dans mon
tort, que je mourrai dans l'impénitence finale ;
mais vous, si vous n'avez pas raison, persisterez-
vous, reculerez-vous devant un examen réfléchi
des opinions que vous vous êtes faites ou plutôt
que l'on vous a faites? A vingt-cinq ans le passé
est peu de chose, l'avenir est tout; mais, si, par
suite d'un entraînement fatal et malgré les
conseils des gens qui vous aiment, vous alliez
compromettre cet avenir, en vous engageant
dans une route dont trop tard peut-être vous

reconnaîtriez le danger, ne seriez-vous pas bien coupable ?

Je comprends du reste parfaitement vos répugnances du moment ; homme de joie et de loisir, c'est dans les salons, c'est dans les fêtes, c'est dans nos théâtres que vous avez en quelque sorte (n'en déplaise à votre amour-propre) fait vos premières études politiques. Au spectacle, vous voyez chaque jour le ministère, les dîners ministériels, les *truffes* ministérielles, amuser un public frondeur de sa nature et qui se trouve par trop heureux de faire, à tort ou à raison, un peu d'opposition. La prose pas plus que les vers n'épargnent ministres et ministériels ; les uns, tout étonnés de se voir en scène pour des dîners qu'ils ne donnent pas ou qu'ils donnent peu, et pour cause ; les autres, tout surpris d'être chansonnés pour avoir fait le sacrifice de leur conscience aux attentions délicates et gastronomiques de ministres qu'ils n'ont peut-être jamais vus que sur leurs bancs. Vous aussi, vous spec-

tateur, vous avez ri et vous avez répété, sans trop
savoir pourquoi : « Fi des ministériels. »

Dans quelques salons , on a dit devant vous :
« Le ministère ne vit que par la corruption. —
La corruption est à l'ordre du jour. — Les trois
cents sont revenus. — C'est le *Rump Parliament*
(le Parlement croupion). » Et vous de faire écho
tout en contant fleurette à vos belles voisines ,
tout en prenant place à une table de jeu.

Êtes-vous entré dans un cabinet de lecture ,
avez - vous parcouru nos boulevards, jeté un
coup-d'œil sur les étalages de nos libraires, partout vous avez vu le ministère attaqué , insulté,
honni , caricaturé, et vous avez dit : « Définitivement le ministère est l'ennemi du pays ; il
faut chasser le ministère, honte à qui le soutient. » Puis vous avez tourné les talons et vous
êtes entré à Tortoni.

Par curiosité autant que par oisiveté avez-vous
demandé un journal : de préférence vous avez
pris une feuille de l'Opposition ; celles-là sont

bien plus divertissantes ; d'ailleurs elles peuvent tout dire , tout hasarder.

Allez-vous aux Chambres ? les jours de grande discussion sont vos jours de prédilection. L'Opposition doit-elle faire grand bruit ? oh ! alors , c'est une fête , une véritable fête ; pour rien au monde vous n'y manqueriez ; et d'ailleurs l'Opposition est si amusante , et puis ces ministres sont gens si *heureux* , qu'en conscience il n'y a pas de mal qu'on leur fasse de temps en temps sentir l'aiguillon.

Maintenant, répondez-moi , vos répugnances anti-ministérielles sont-elles bien à vous ? n'avez-vous point , sans vous en douter, endossé les doctrines des autres ? Une fois , une seule fois, vous êtes vous plu à vous rendre compte de vos impressions? Non, me direz-vous, parce que vous, vous ne savez pas mentir. Eh bien ! qui vous dit qu'on ne vous a pas trompé ? qui vous dit qu'un jour aussi vous ne serez pas ministériel, qui vous dit que vous ne l'êtes pas en ce

moment et sans vous en douter ? Vous riez,
soit, riez; mais écoutez-moi, et souffrez que je
vous explique comme quoi je suis ministériel,
comme quoi vous l'êtes peut-être....

Je vous ai démontré, dans ma dernière lettre,
que la Chambre était, dans mon opinion, comme
dans celle de tous ceux qui comprennent le gouvernement représentatif, la seule expression
réelle, le seul organe légitime du pays. Hors
d'elle il ne peut exister que des opinions indi-
viduelles qui peuvent avoir leur mérite, que je
ne prétends incriminer en quoi que ce soit,
mais qui, légalement, constitutionnellement
parlant, n'ont aucun caractère officiel, et ne
doivent être recueillies par l'homme d'Etat qu'à
titre de simples renseignemens souvent utiles.

La Chambre est au pays ce qu'est la majorité
parlementaire à la Chambre. La Chambre, pour
moi, c'est donc le pays; pour moi, la majorité
parlementaire c'est la Chambre : or, de déductions en déductions, ne sommes-nous pas amenés

à reconnaître que les ministres, n'existant que
par le concours que leur prête la majorité parlementaire de la Chambre, ne peuvent exercer
une action quelconque qu'en s'appuyant en toute
circonstance, sur cette majorité qui, seule, les
soutient. C'est donc la Chambre qui fait le ministère, et non point le ministère qui fait la Chambre. Le système ministériel n'est donc et ne peut
donc être que le système de la majorité parlementaire, c'est-à-dire de la Chambre, c'est-à-dire du
pays. Se rattacher au système ministériel, c'est
par conséquent se rattacher au système de la majorité, et je ne sache point jusqu'à-présent que
cette majorité ait varié un seul instant. Le jour
où la majorité se déplacera, le ministère tombera
et fera place à un autre qui, lui aussi, devra s'ap-
puyer sur cette majorité d'où il tirera infailliblement son origine. Le ministère Laffitte se soutint
par l'appui d'une majorité qui lui avait révélé
ses vœux, qui lui avait signifié sa volonté ; mais
lorsque le ministère prétendit obéir à d'autres

impulsions que celle qu'il avait reçue jusqu'alors des Chambres , et déclara qu'il était bien plus fort qu'elles, il tomba et dut tomber. Ainsi le veut le jeu du gouvernement représentatif, ainsi le veut la raison.

Marcher avec le ministère, c'est donc marcher avec la Chambre , expression réelle , organe légitime du pays, c'est marcher avec le pays lui-même.

Que si on me cite la Chambre de 1823 , il me sera facile de répondre que la Chambre de 1823 était aussi peu l'expression exacte, l'organe légitime du pays, que celle de 1831 à 1834 est réellement nationale. La Chambre de 1823 était le produit du double vote, de la corruption, de la fraude. L'esprit du gouvernement représentatif était donc complètement faussé ; il l'était par la volonté de ceux qui avaient la direction des affaires, il l'était bien plus encore par l'absence d'un principe essentiellement conservateur, élément indispensable d'une représentation libre

— 206 —

et sincère, du principe de la réélection. Ce principe fut banni par la Restauration, qu'effraya même le principe si également tutélaire de l'élection directe, dont elle chercha vainement à se débarrasser et dont elle essaya plus tard de neutraliser le résultat par le double vote. Alors ce ne fut plus le Gouvernement représentatif tel qu'une nation voisine nous en donnait en partie le modèle, tel que le voulait la France. Alors, je le reconnais le premier, la fraude, la corruption, livrèrent les élections à un parti essentiellement contre-révolutionnaire ; et qui se félicitait déjà d'un triomphe qui lui en faisait présager bien d'autres ; alors c'était le ministère qui faisait la Chambre, ce n'était plus ce qui doit être, ce qui est aujourd'hui, la Chambre qui faisait le ministère. Le système ministériel était la pensée, l'unique pensée des gouvernans qui l'imposaient à ceux qui, par ambition ou par faiblesse, s'étaient inféodés à eux, mais non la pensée des représentans du pays, car le pays n'avait plus de représentans.

Je conçois qu'à cette époque le titre de ministériel dût inspirer de justes méfiances. Pouvait-il en être autrement quand on voyait un
simulacre de représentation oser élever la voix au
nom de la France qui le répudiait, et s'indignait
du joug qu'une minorité anti-nationale faisait
peser sur lui ? Quelle analogie peut-il exister aujourd'hui entre la Chambre de 1823 et celle
qui va déposer son mandat ? Doit-elle, comme
la première, son existence à une législation ennemie de toute liberté et qui ne s'appuyait que
sur le privilège ? Ceux de ses membres qui se
sont identifiés avec la ligne politique du ministère, et qui, par suite de leur appel à quelques
fonctions publiques, se sont présentés de nouveau sur les *hustings*, ont de nouveau sollicité le
suffrage de leurs concitoyens, n'ont-ils point été
accueillis avec les mêmes acclamations ? Ne sont-
ils point rentrés à la Chambre avec la certitude
d'avoir répondu jusqu'à présent aux vœux de

leurs commettans, avec la ferme volonté de prêter un nouvel appui au ministère, sinon de leur choix, au moins adopté par eux ?

Qu'on cesse donc de jeter en avant ces grands mots de corruption, de vénalité, mots aujourd'hui vides de sens et qui ne sont que ridicules. Avec l'élection directe, avec la réélection, point de corruption possible. Ce n'est point par suite de transactions honteuses et secrètes qu'aujourd'hui un ministère peut se soutenir. S'il le tentait, il serait non seulement condamné, flétri par l'opinion publique, mais encore sa chute n'en serait que plus rapide, car ceux qui lui auraient vendu leurs votes (et tout se sait), ne recueilleraient lors de leur réélection que mépris et défaite, et ce résultat infaillible tournerait à la confusion et au détriment du ministère qui, successivement, verrait amoindrir ses rangs. Dans le gouvernement représentatif tel que la révolution de Juillet nous l'a rendu, le ministère ne peut avoir de force que par la majorité ; son système doit être, ne peut être que celui de la majorité. Ceux donc qui veulent faire cause commune avec la majorité, et, par suite, avec le pays, dont, je le répète encore, elle est l'expression réelle, légale, légitime, ne peuvent que se rallier au système ministériel.

Au moment où j'écris ces lignes, le système de la majorité n'a point varié, c'est toujours le système du 13 Mars, le système du *juste-milieu*, le système que je vous ai développé dans ma dernière lettre. En me disant ministériel, je suis donc, vous le voyez, l'homme du système de la majorité et non l'homme d'un ministre. Si vous aussi vous reconnaissez que le système du 13 Mars est le seul qui réponde aux vœux et aux besoins du pays, comme moi, mon cher Eugène, vous serez l'homme de ce système, vous serez l'homme de la majorité qui l'a créé, qui y persiste ; vous serez l'homme du ministère qui le défend et le met en action ; vous serez, en un mot, et ne vous en déplaise, vous serez ministériel. Je désire vous avoir convaincu, je désire que vous le soyez déjà.

Non, pas encore, me direz-vous. Depuis la mort de Casimir Périer, dont je veux bien reconnaître le noble caractère, les généreuses et loyales intentions, deux ministères (*) se sont succédé.

(*) Je passe sous silence le ministère actuel. Composé en grande partie des membres de l'ancien cabinet, il s'est présenté aux Chambres sous les mêmes auspices que ceux qui l'ont précédé. Je ne puis cependant me dispenser de faire remarquer que jamais, dans aucune circonstance, le système que je défends n'a reçu une application plus complète.

En effet, un ministre monte à la tribune, présente à la législation un traité qui n'est point son ouvrage, mais qu'il déclare adopter dans toutes ses parties. La Chambre rejette, le ministre se retire. Rien, vous le voyez, de plus conforme aux règles du gouvernement représentatif.

Un nouveau cabinet est reconstitué. Mais dans quel esprit? Toujours dans le même, toujours dans celui de la majorité, qui s'est séparée d'un ministre sur une question grave, il est vrai, mais qui n'était point une question politique, une question de système, bien moins encore une question de cabinet.

Si certaines feuilles ont prétendu que, dans cette circonstance, la défaite du ministre devait entraîner celle

Qu'ont-ils fait? Le temps a marché : qu'a-t-il produit? — Des évènemens graves, importans,

du cabinet et du système, ce n'a été de leur part que tactique et mauvaise foi. N'a-t-on point vu dernièrement le ministère anglais battu sur une question non moins importante, à la suite d'une discussion à laquelle presque tous ses membres avaient pris part, et cependant il n'a point cru devoir se retirer... Il en eût été bien autrement s'il se fût agi du bill de réforme ou du bill irlandais.

Si, en France, la loi contre les associations avait été repoussée, la défaite du ministère eût été complète, il devait infailliblement tomber, car la loi contre les associations était une loi toute politique, et son rejet prouvait que la majorité avait fait scission avec le système. Il est facile de voir maintenant que rien, dans le dernier évènement parlementaire, ne motivait la retraite entière du cabinet, qui, en effet, n'a donné sa démission que pour faciliter certains arrangemens. Le ministère du 4 Avril n'est donc que le ministère du 11 Octobre modifié. C'est encore le ministère de la majorité, le ministère de la résistance, le ministère du *juste-milieu*.

Du reste, il est fort remarquable que, tandis que des députés annoncent leur révolte contre les lois de la majorité, le Gouvernement donne un si grand exemple du respect et de la soumission dus à cette majorité, sans laquelle il ne peut y avoir, il n'y a plus de gouvernement représentatif. Si le ministère Polignac se fût retiré devant la majorité, Charles X serait encore sur le trône.

douloureux. — Quelle en fut la cause? Quels en furent les résultats?

J'aime cette défiance qui, loin de me blesser, me flatte et vous honore. Comme vous savez que je suis homme à tout dire, vous n'hésitez pas à tout me demander. Eh bien! soit, je vous dirai tout.

« Nous avons deux ennemis à nos portes, ne
» cessait de répéter Casimir Périer, l'absolutisme
» et l'anarchie, Henri V et la République. Unis-
» sons contre eux nos efforts, point de lâches
» concessions, point de faiblesse; quiconque
» élève un drapeau autre que celui du pays est
» notre ennemi; traitons-le en ennemi; mais,
» sans pitié pour les factieux, ne perdons pas de
» vue que ceux qui ne sont qu'égarés ont droit
» à quelque indulgence. »

Ainsi disait Périer, ainsi fit-il tant qu'il fut au pouvoir.

Ses cendres n'étaient pas encore refroidies que les factions reprirent courage et redoublèrent d'audace et d'activité. Elles avaient compris que leur plus terrible adversaire n'était plus.

Les nouveaux ministres, dont plusieurs avaient appartenu à l'ancienne administration, se présentèrent donc aux Chambres dans une position doublement pénible. Ils avaient à lutter contre des défiances injustes, contre une Opposition impatiente d'arriver, qui croyait qu'avec Casimir Périer périrait le système qui en convoitait son héritage. Ils avaient encore à persuader à l'Europe qu'eux aussi voulaient la paix au-dedans, la paix au-dehors; ils avaient enfin à se prémunir contre la révolte qui se préparait en silence, et dont des bruits vagues, mais réels, mais utiles avant-coureurs, annonçaient les projets criminels.

Une déclaration funeste, bien funeste, et qui coïncida d'une manière aussi étrange que fatale avec les déplorables journées des 5 et 6 Juin, vint révéler à la France constitutionnelle qu'il était temps de faire scission ouverte avec certains hommes, avec certaines maximes.

Battue dans la Chambre, l'Opposition voulut s'essayer au-dehors. Le compte-rendu vit le jour; ce fut un évènement grave que cette déclaration de quarante et un députés protestant contre la majorité, contrairement à toutes les convenances, à tous les usages parlementaires, à toutes les règles du gouvernement représentatif, s'érigeant en censeurs publics, en ennemis avoués de la couronne et de leurs collègues. Et cependant les quarante et un protestaient alors de leur attachement à la royauté, de leur dévouement à la Charte, de leur haine de la République (*). Je pourrais vous citer, au sujet de cette publication, qui fut non seulement *une faute* mais encore un acte coupable, vous raconter quelques anecdotes qui ne manqueraient pas de piquant; je pourrais vous dire comme quoi certains furent bien étonnés de voir figurer leurs noms au bas

(*) Il est curieux de jeter aujourd'hui les yeux sur les noms des signataires de cet acte mémorable. Quelques-uns me dispensent de toute réflexion.

d'un manifeste dont ils n'avaient pas même eu connaissance. Depuis ils ont signé par faiblesse, et c'est ce motif qui seul retient ma plume.

La déclaration des quarante et un fit quelques dupes, de prosélytes aucun. Elle n'en pouvait faire parmi les républicains qui la trouvaient *incolore* et sans portée ; elle ne pouvait recruter parmi le parti légitimiste ; elle avait encore bien moins de chances de succès auprès des amis de la monarchie constitutionnelle, qui la voulaient grande et protectrice, et qui répudiaient de toutes leurs forces cette organisation politique de 1789, organisation dont ne pouvaient se rendre compte ceux qui ne concevaient pas une royauté sans appui, un pouvoir exécutif sans action.

Le compte-rendu, loin de donner quelque crédit à l'Opposition, ne fit donc que lui enlever le peu d'influence qu'elle possédait encore, grace au souvenir d'anciens services, au prestige de quelques noms ; loin de prouver l'union de ses membres, il n'en révéla que la faiblesse, que

l'impuissance, que le désaccord. En ce sens, le
compte-rendu fut un service rendu à la monarchie, au ministère, à la majorité parlementaire
qui, plus que jamais, s'unirent étroitement et
marchèrent.

Quelques jours après, le drapeau rouge par-
courait les rues de la capitale; nos gardes nationaux, nos soldats échangeaient, aux cris de *vive
le Roi*, des coups de fusil avec quelques milliers
de révoltés qui, aux cris de *vive la République,*
ensanglantaient nos carrefours et les rendaient le
théâtre de toutes les horreurs de la guerre civile.
La guerre civile! en 1832, dans les rues de Paris!
en présence de troupes fidèles, de gardes nationales dévouées, d'un peuple irrité et qui se réunissait à elles! Et ils osaient dire que la France
était républicaine, qu'ils se battaient pour le
pays!....

Je me hâte de jeter le voile sur ces scènes de
deuil qui navrent le cœur, le déchirent et soulèvent l'indignation contre ces déclamateurs im-

prudens dont les perfides discours exaltent , en-
traînent une jeunesse ardente et fanatique dont
ils devraient avoir au moins le courage de partager les dangers.

Je ne prétends point examiner si, dans ces
déplorables journées ; la conduite du ministère
fut telle qu'elle devait l'être ; je ne prétends point
examiner si une mesure que je crois encore légale
et qui fut l'objet des plus vives attaques , n'était
point d'une impérieuse nécessité , cet examen
m'entraînerait trop loin du but que je me pro-
pose. Je me borne seulement à dire que jamais ,
dans aucune circonstance , un gouvernement ne
recueillit un témoignage plus éclatant de l'appui
qu'il trouverait au besoin dans le pays. Ce témoignage, il le recueillit non seulement dans les
rangs de nos gardes nationales qui firent si admirablement bien leur devoir , mais encore dans
des milliers d'adresses qui arrivèrent de tous les
points de la France aux pieds du trône.

Et qu'on ose me dire maintenant que ces

adresses n'étaient point une protestation solennelle de l'horreur du pays pour toute révolution nouvelle ! Et qu'on ose me dire maintenant que toutes ces adresses ne contenaient point une approbation ouverte du système politique du Gouvernement ! Prétendra - t - on qu'elles n'étaient point l'expression des sentimens du pays, qu'il faut les ranger dans ces cartons où se confondent et celles de l'Empire et celles de la Restauration. A cela je répondrai : Oui, les adresses de l'Empire, les adresses de la Restauration n'étaient pas ou pouvaient ne pas être toujours le langage du pays. Ces adresses émanées, soit de corps politiques créés par le pouvoir, tenant uniquement de lui leur existence, soit de fonctionnaires salariés, ses agens et serviteurs nécessaires, n'étaient presque toujours que le résultat d'une impulsion donnée d'en haut ou de flatteries intéressées. Les adresses de 1832 eurent un bien autre caractère. Elles émanaient de corps municipaux élus, agissant dans toute la plénitude de leur indépendance et qui comprenaient fort bien que s'ils ne parlaient pas ainsi que leurs concitoyens eussent parlé, leur influence serait anéantie et leur position à jamais perdue; elles émanaient d'officiers de gardes nationales, produits également de l'élection, organes vrais, sincères, des sentimens de leurs camarades, qui, eux-mêmes, se précipitaient chez leurs chefs et tenaient à honneur d'ajouter leurs noms aux leurs. Nos cours judiciaires aussi élevèrent la voix, et ces voix aussi pesaient dans la balance, car c'étaient celles de magistrats indépendans, inamovibles. Ainsi donc, la plus insigne mauvaise foi peut seule le nier, les adresses de 1832 furent, en quelque sorte, le manifeste du pays opposé au manifeste révolutionnaire, et ce manifeste était à-la-fois, je le répète, une protestation sincère de dévouement à la personne du Roi, une approbation ouverte du système du Gouvernement. En un mot, dans les journées des 5 et 6 Juin, il y eut défaite pour l'anarchie, mais victoire, victoire bien complète pour la royauté, pour l'ordre, enfin pour le système du *juste-milieu*.

Quelques semaines après, le *carlisme* reprit les armes et le drapeau blanc reparut sur quelques clochers vendéens. Là, une femme aussi téméraire qu'insensée, aussi présomptueuse que mal conseillée, osa se présenter et s'écrier : « Aux armes ! » A peine quelques voix répondirent-elles à ce cri qui ne peut plus avoir d'écho dans un pays où personne n'ignore ce que c'est que la guerre civile, ce qu'elle enfante d'horreurs et d'atrocités, dans un pays surtout où le peuple éclairé par une longue et douloureuse expérience, commence à comprendre qu'il y aurait folie, stupidité de sa part à répandre son sang pour une cause qui ne peut jamais être la sienne. La République vint rendre le dernier soupir dans le cloître Saint-Méry, la Légitimité derrière les buissons de la Vendée.... Saint-Méry, la Vendée, rapprochement singulier sans doute, mais nécessaire pour faire comprendre la faiblesse des deux partis.

Quoi qu'il en soit, il fallait cependant rendre le calme aux provinces de l'Ouest; on ne le pouvait qu'en expulsant du pays l'imprudente qui venait y répandre le désordre. Ce fut la première pensée du ministère du 11 Octobre, ministère objet de tant d'outrages et qui dut sa naissance à des circonstances connues de tout le monde et que tout le monde a pu apprécier.

Le ministère du 11 Octobre souleva des tempêtes. Lisez plutôt les journaux de l'époque ; leur indignation fut-elle réelle ou factice? Était-ce l'explosion de gens blessés dans leurs prétentions, dans leur amour-propre, ou plutôt n'était-ce que l'expression d'une douleur légitime à la seule pensée des maux incalculables qu'allait attirer sur le pays le nouveau cabinet? Voyons un peu.

Ici, mon cher Eugène, je crois devoir vous renouveler une déclaration que j'ai faite au commencement de cette lettre. Je me suis fait l'avocat d'un système, loin de moi la pensée de me faire l'homme d'un ministre. J'ai défendu

le cabinet du 13 Mars, il était *juste - milieu*,
et ce *juste - milieu* était le système de la majorité; j'ai défendu le ministère qui le suivit,
c'était encore le *juste-milieu*, c'est encore le système de la majorité; je défends aujourd'hui le
ministère du 11 Octobre parce que c'est toujours
du *juste-milieu,* parce que c'est toujours le système de la majorité. Que maintenant le ministère
change, qu'il s'appelle Odillon-Barrot, Mauguin
ou Lafayette, peu m'importe, si le système est le
même ! Les hommes passent, les systèmes sur-
vivent aux hommes. Je suis donc l'homme d'un
système et non point l'homme de tels ou tels
ministres ; appelez-moi ensuite ministériel , si
bon vous semble.

Le ministère du 11 Octobre avait, aux yeux
des partis, plusieurs torts ; le plus grave était de
fermer toute voie à certaines ambitions ; il avait
encore celui de fortifier un système qui mettait
mal à l'aise les factions, et de laisser le pouvoir
entre les mains d'hommes qui ne fléchiraient ni

devant l'émeute , ni devant l'intrigue. Par cela
seul que sous chaque drapeau l'on voulait s'empa-
rer du pouvoir, on voyait avec peine le pouvoir
prendre de la force. Et cependant ce ministère
avait-il été formé en dehors de ces principes dont
il n'est point permis de s'écarter dans un gouvernement représentatif ? N'était-ce point sur les
bancs de la majorité qu'il avait été choisi ? La
couronne , dans cette circonstance , n'avait-elle
point pris conseil de la plus simple raison , n'a-
vait-elle point exercé son initiative avec discernement et prudence ? Les nouveaux ministres ,
du reste , étaient - ils gens incapables et sans
renommée ? Ne réunissaient - ils pas une spé-
cialité remarquable qu'étaient loin de présenter
leurs prédécesseur. Aussi, il faut le reconnaître,
les partis se sont bien gardés de prendre la
question sous son véritable point de vue ; n'osant
accuser le ministère d'incivisme , d'inhabileté ,
ils ont dit : C'est un ministère *doctrinaire;* or,
un ministère *doctrinaire* c'est la honte , c'est
la perte du pays.

Voilà le grand mot, mon jeune ami, le mot
dont les journaux de tous formats, de toutes
nuances, libéraux, républicains, anarchistes,
bonapartistes, carlistes, *bousingots*, henriquin-
quistes, dont les journaux à tant la rame, à tant
la page, dont les journaux de salons, d'anti-
chambres, de cabarets, se sont emparés et qu'ils
ont prétendu exploiter, comme une trouvaille
précieuse, comme un talisman merveilleux dont
l'effet devait être la chute immédiate du cabinet.

Qu'est-ce que c'est qu'un *doctrinaire?* me demanderez-vous. Oh! sur ce point force m'est
de garder le silence, car, en conscience, je n'en
sais rien. N'en demandez pas davantage à nos
adversaires, car ils n'en savent pas plus que moi.
Ils vous répondront seulement qu'un doctrinaire.... c'est.... M. Guizot.... c'est.... enfin ils
sont *deux*. Eh bien! soit, accordons-leur un instant et par forme d'argument que, sur sept
ministres dont se compose le cabinet, deux sont
doctrinaires; c'est très-fâcheux sans doute, mais

deux sur sept ne font pas la majorité; or, comme toutes les hautes questions dans le Conseil comme dans les Chambres ne se décident que par les voix, il faut avouer que les *doctrinaires,* puisque *doctrinaires* il y a, n'ont pas chance de succès. Comment dire dès-lors que le ministère est *doctrinaire* et qu'il ne veut que ce que veut la *doctrine.*

D'ailleurs, la Chambre lui a-t-elle refusé son concours? Non; tout nous le prouve. Ne serait-il donc point alors logique de conclure que, si le ministère est *doctrinaire* comme on le dit, la Chambre est également *doctrinaire,* et que, par conséquent, force est d'avoir un ministère *doctrinaire.*

Ces raisonnemens, après tout, sont oiseux et je les regrette. C'est par leurs actes que l'on juge des ministres, comme on juge un système par ses résultats. Or, vous connaissez déjà quels ont été les résultats du système du *juste-milieu,* voyons maintenant quels ont été les actes du ministère du 11 Octobre; c'est ce qu'aurait dû faire l'Opposition, c'est ce qu'elle n'a point fait.

Le jour de la formation de ce *terrible* ministère, je rencontrai, il m'en souvient, un membre de l'Opposition, non de cette Opposition
carliste ou républicaine qui n'est plus de l'Opposition, mais un membre de cette Opposition purement constitutionnelle que j'admets et reconnais comme l'élément nécessaire de tout gouvernement représentatif. Mon député était hors de
lui, le seul mot *doctrinaire* faisait sur lui l'effet
que produit la vue de l'eau sur un hydrophobe.
Eh bien! vous le voyez, me dit-il, les doctrinaires l'emportent; *malheureuse France! malheureux Roi!...*

— Patience, répondis-je, attendons-les à
l'œuvre, puis nous verrons.—Oh! parbleu, me
répondit-il, qu'ils prennent Anvers et la duchesse
de Berri, et je crierai : *Vivent les doctrinaires!*

Or, Anvers est pris, la duchesse de Berri cap-
tive a été terminer à Blaye, de la manière la plus
burlesque, l'entreprise la plus follement conçue,

et cependant mon député ne m'a point tenu parole ; je m'y attendais, car, pour quelques gens, le pays est peu de chose, les hommes sont tout.

Le ministère du 11 Octobre, ministère, comme vous venez de le voir, essentiellement parlementaire, le plus conforme peut-être à la loi du gouvernement représentatif, et dont ses ennemis eux-mêmes ne peuvent contester les capacités spéciales et les talens de tribune, se présenta aux Chambres sous les plus heureux auspices ; il venait de tuer la guerre civile et de conquérir Anvers ; c'était, n'est-ce pas, deux grandes et nobles choses ; aussi fut-il accueilli par les Chambres avec une faveur d'autant plus marquée qu'il se hâta de déclarer que son système à lui était toujours le système du 13 Mars, le système de la majorité. Qu'arriva-t-il ? C'est que dans toutes les questions que souleva l'Opposition, sa victoire fut facile et complète ; de plus en plus le ministère s'identifia avec la Chambre, de plus en plus la Chambre s'identifia avec le ministère.

Je viens de prononcer le mot d'Opposition ;
le moment est venu, je crois, de remplir ma pro-
messe et de rechercher avec vous quels sont les
élémens de l'Opposition actuelle, quelles sont ses
espérances, quelles sont ses ressources, ce qu'elle
a été jusqu'à ce jour, quelle est encore sa tactique.

Je n'ai point l'intention de vous rappeler ici
ce que doit être l'Opposition sous un gouvernement représentatif, quoique cependant il ne serait peut-être pas inopportun de vous faire sentir
la différence qui existe entre une Opposition légale, constitutionnelle, et cette Opposition insensée, factieuse, qui se traduit en proclamations
séditieuses ou en coups de fusil, qui n'est plus
que de l'hostilité et qu'il faut traiter en ennemie.
Ainsi est l'Opposition républicaine, ainsi est l'Opposition légitimiste. Je mets donc de côté Henri V
et la République, j'arrive de suite à l'Opposition constitutionnelle, et c'est sur elle que je
crois nécessaire de nous arrêter quelques instans.

Cette Opposition ne peut être celle du *compte-rendu*, qui s'est faite, vous l'avez vu, extra-par-lementaire, et dont plusieurs des membres ont depuis arboré presque ouvertement le drapeau de la République ; ce ne sera point non plus cette Opposition appelée anti-dynastique, car, par cela seul qu'elle a cessé d'être dynastique, elle n'est plus constitutionnelle et je ne veux parler que de l'Opposition constitutionnelle. Je suis donc naturellement amené à cette fraction de la Chambre appelée *tiers-parti*, et qui seule me semble représenter l'Opposition telle qu'elle peut exister sous le gouvernement représentatif.

Or, quel est le but de toute Opposition parle-mentaire ? N'est-ce pas d'abord d'empêcher le succès du système ministériel ? N'est-ce pas en-suite de chercher à faire prévaloir le sien ? mais si je prouve que l'Opposition, ou le *tiers-parti* si vous le préférez, n'a point d'autre système que le système du ministère, ne suis-je pas porté à conclure que cette Opposition n'est plus qu'une question d'hommes et non de principes, et que, par conséquent, elle se réduit à peu de chose ?

Entre la République et Henri V, il n'y a qu'un système, celui du 13 Mars; le tiers-parti le sait, et le tiers-parti a voté avec le ministère du 13 Mars. Le ministère du 11 Octobre, loin de répudier le système, l'a hautement réclamé comme sien, n'a point dévié de la ligne que ses prédécesseurs lui avaient tracée, et cependant le tiers-parti lui a refusé son concours. La raison en est toute simple : le tiers-parti veut bien le système du 13 Mars, mais il ne le veut qu'avec et par ses amis. « Entre moi et le ministère, m'écrivait dernièrement un député du tiers-parti, il n'y a que quelques hommes. » L'aveu était sincère, était naïf, j'en ai pris acte de suite, et plus convaincu que jamais que l'Opposition du tiers-parti n'était qu'une question d'ambition ou d'amour-propre, je n'ai cessé de le dire. Il se présente du reste à chaque instant certaines circonstances (et nous en avons des exemples récens) où le tiers-parti lui-même est forcé de voter ouvertement pour le ministère, sous peine de répudier ses antécédens. Son opposition, je le reconnais du reste, peut, au besoin, rendre quelque service, en ce sens qu'elle rappellerait le ministère aux principes qu'il a proclamés s'il s'en écartait, et que, naturellement, elle le met en garde contre lui-même. Pour dangereuse, elle ne saurait le devenir, hormis toutefois dans le cas (qui, grace au Ciel, ne se présentera pas) où, entraînée par d'injustes préventions, entraînée par une ambition irréfléchie, elle se laisserait aller à une alliance momentanée, qu'accueilleraient avec empressement et reconnaissance ses nouveaux auxiliaires, sauf à rompre plus tard avec elle.

Quoi qu'il en soit, le tiers-parti n'a et ne peut avoir d'autre système que le système suivi par le ministère actuel; ce système, dans ses mains, grandirait-il en force, en influence? c'est plus que douteux, au moins en ce qui concerne la Chambre, puisque la majorité n'est pas encore passée au tiers-parti , et la majorité seule donne la force.

D'ailleurs, ministres du 11 Octobre , ministres du 4 Avril , ministres *doctrinaires* ou du tiers-parti, qu'importe au pays pourvu que le système ne périsse pas.

Toute opinion qui, comme tout ministère , n'a pas de système, est sans avenir ; or, vous le voyez, l'Opposition dont nous parlons n'a point de système qui lui appartienne en propre, et par conséquent n'a point d'avenir. Loin de moi la pensée de refuser à la plus grande partie de ses membres sentimens généreux, patriotisme, dévoûment aux intérêts publics; mais leur opposition est indifférente à la nation , par cela seul qu'elle est personnelle , et je ne la conçois point.

Je me résume, mon cher Eugène, et je dis : Trois partis existent aujourd'hui en France , le parti républicain , le parti légitimiste, le parti constitutionnel.

Le premier se présente le drapeau rouge d'une

main , la déclaration du citoyen Robespierre de
l'autre , et dit aux électeurs qui l'écoutent :

« Votez pour moi , et moi je vous donnerai
» une Convention, un 21 Janvier, des clubs, des
» comités de salut public, la guerre avec toute
» l'Europe. Avec moi, plus de privilèges, plus de
» royauté , plus d'aristocratie ; avec moi vous
» aurez ce que nos pères avaient en 93 ! Votez
» pour moi. »

Le second déploie ses enseignes et dit : « A
» moi, électeurs, à moi ; à moi qui, pendant
» quinze années, vous ai donné l'invasion, la
» guerre civile dans la Vendée, les cours pré-
» vôtales ; à moi qui vous ai donné la Chambre
» introuvable, la censure, le droit d'aînesse ,
» le double vote ; à moi à qui l'émigration doit
» son milliard, le pays, les jésuites et les or-
» donnances de Juillet ; à moi qui vous promets
» enfin tout le bonheur , toute la liberté dont
» vos pères jouissaient avant 89. »

Vient enfin le troisième, le parti constitution-

nel, le parti de la Révolution de 1830. Son
drapeau est tricolore, aux quatre coins se lisent
ces mots sacrés : Honneur, Patrie, Liberté, Ordre
public. Son maintien est grave, sa voix est noble
et fière. « Électeurs, s'écrie-t-il, écoutez-moi, puis
vous me jugerez.

» A moi, vous devez la Charte, mais la
» Charte sans religion de l'État, la Charte sans
» censure, sans article XIV, sans double vote,
» sans septennalité.

» Grace à moi, à trente ans au lieu de qua-
» rante, vous êtes aptes à siéger sur les bancs de
» la législature ; à vingt-cinq ans au lieu de trente
» vous l'êtes à voter. Il vous fallait, pour être
» éligibles, payer 1,000 francs d'impôt : vous
» ne payez plus que 500 francs ; il vous fallait,
» pour être électeurs, payer 300 francs : il ne vous
» faut aujourd'hui que 200 francs, et quelquefois
» moins. Vos officiers de terre ou de mer, après
» avoir glorieusement combattu, peuvent en-
» core servir utilement leur pays par leur vote ;

» eux aussi sont électeurs s'ils ont une pension
» de retraite de 1,200 francs, s'ils paient 100
» francs de contributions.

» Dans vos colléges électoraux, c'est vous
» seuls qui choisissez vos présidens; ce n'est
» plus la volonté du Roi qui imposé à la Cham-
» bre législative l'homme de son choix; la Cham-
» bre aussi élit son président.

» Avant moi, la corruption pouvait acheter
» un vote; aujourd'hui, le député investi d'une
» fonction publique, doit courir les chances
» d'une réélection, et demander à ses commet-
» tans si l'homme du pouvoir a cessé d'être
» l'homme du pays.

» La législation exceptionnelle qui régissait
» la presse n'existe plus; la presse aussi a ses
» jurés.

» La pairie n'a plus d'hérédité; ce n'est que
» parmi des catégories fixées par la loi et sous
» la condition de certaines capacités que le Roi
» peut élever à cette haute dignité les citoyens

» qu'il honore de sa bienveillance. Les délibé-
» rations de la Chambre des Pairs, comme celles
» de la Chambre des Députés, sont devenues
» publiques.

» La Chambre élective vote l'impôt la pre-
» mière ; depuis 1830, elle jouit encore d'un
» droit non moins important, celui de voter
» annuellement le contingent de l'armée.

» Une liste civile de 13 millions a remplacé
» les 32 millions que dévorait la famille répu-
» diée par la France. Aujourd'hui, plus de
» garde privilégiée, plus de maison militaire,
» plus de Suisses.

» C'est au pays, au pays seul, qu'est con-
» fiée la défense du sol et de sa constitution ; trois
» millions de Français ont été appelés sous les
» armes ; 800,000 fusils, 700 pièces de canon,
» ont été remis entre les mains de cette belle et
» noble France aujourd'hui si forte contre l'é-
» tranger, si terrible pour les factions, et sa mi-
» lice toute nationale, si admirablement ci-

» toyenne, n'a pour chefs que ceux-là mêmes
» qu'elle choisit ou désigne.

» Le pays, depuis quarante ans, avait de-
» mandé des franchises municipales et com-
» battu pour les avoir; il les possède. Une loi
» les lui garantit.

» Plus de 400,000 conseillers municipaux,
» tous vos élus, interviennent dans la gestion
» des affaires de la communauté.

» 2,500 conseillers de départemens, un nom-
» bre plus que double de conseillers d'arrondis-
» sement, également élus par vous, répartissent
» et sous-répartissent l'impôt que votent vos
» mandataires.

» Une loi que l'étranger n'a point craint
» d'appeler la *loi modèle*, a mis l'instruction
» à la portée des derniers hameaux, et fait es-
» pérer qu'un jour, une génération, grandie
» sous l'égide et sous la direction d'une monar-
» chie vraiment libérale et constitutionnelle,
» se rendra digne de nouvelles libertés.

» Notre Code pénal a vu s'effacer de ses pa-
» ges cette mutilation réellement barbare,
» cette flétrissure dont le moindre effet était
» d'éteindre dans le cœur du condamné toute
» espérance dans l'avenir, toute chance d'oubli
» pour sa vie passée.

» Une loi de justice et d'humanité a émis
» pour principe que la peine de mort ne s'ap-
» pliquerait désormais qu'aux délits contre les
» personnes.

» Des modifications importantes et qui don-
» nent une nouvelle garantie aux accusés ont été
» introduites dans le jury. Des lois successives
» ont adouci les rigueurs de la contrainte par
» corps; dans l'intérêt de l'humanité, des peines
» sévères ont été prononcées contre quiconque
» oserait encore se livrer à l'infame trafic des
» noirs. Le cumul a été prohibé, d'utiles et
» importantes réductions ont été faites dans les
» services publics, les séances du Conseil-d'État
» sont en partie devenues publiques; une loi

» sur l'expropriation a su habilement concilier
» les intérêts généraux et les intérêts privés ;
» les écoles normales ont été rétablies , l'a-
» mortissement a subi des modifications utiles
» sans altérer le crédit national ; une impulsion
» admirable a été donnée à tous les travaux ;
» nos monumens, long-temps abandonnés, se
» poursuivent ou se terminent aux cris d'admi-
» ration des amis des beaux-arts.

» L'image du plus grand capitaine du monde
» a repris sa place, et semble encore, du haut
» de la colonne , veiller aux destinées de la
» France.

» Une loi d'attributions municipales et dépar-
» tementales ; une organisation complète et lé-
» gale du Conseil-d'État ; une loi qui fixe avec
» impartialité l'avancement, par droit d'ancien-
» neté , dans l'armée ; une loi qui règle l'état
» de l'officier et lui assure une nouvelle indépen-
» dance , ne sont-ce point encore des bienfaits
» véritables et dont je puis me glorifier !

» Électeurs, Français, voilà mes actes, n'ai-
» je donc rien fait pour le pays? Juillet n'a-t-il
» point porté ses fruits? Eh bien, ce que j'ai
» fait, je ne l'ai fait, je ne l'ai pu faire que par
» l'ordre, que par la fermeté, que par la modé-
» ration, je ne l'ai fait qu'en voulant la liberté,
» mais la liberté sans licence, mais la liberté pour
» tous. Et cependant mes ennemis sont nom-
» breux, sont implacables; ils ont pour eux les
» passions des uns, la faiblesse des autres.
» Électeurs, Français, il faut nous sauver en-
» semble et défendre votre propre ouvrage.
» J'ai combattu pour vous, ne combattrez
» vous point pour moi? »

Ces paroles, mon cher Eugène, il me semble
les entendre, il me semble qu'elles vibrent à
mes oreilles; puissent-elles pénétrer jusqu'à votre
cœur?

VII.

CONCLUSION.

———

Nous venons, mon cher Eugène, de faire un examen consciencieux et rapide, que je crois suffisant, des partis qui divisent la France. Je vous ai montré la Monarchie constitutionnelle en lutte constante avec deux factions qui ont juré sa perte, qui doivent l'ensevelir sous ses propres ruines ou succomber elles-mêmes. Les

16

attaques, vous l'avez vu, n'ont point été ména-
gées ; aussi audacieuses qu'incessantes, elles ont
toutes échoué devant une puissance jusqu'à ce
jour irrésistible. C'est en vain que, dans leur
rage frénétique, les factions se sont prêté un
mutuel secours; c'est en vain qu'elles ont échangé
leurs armes et se sont coalisées pour soulever,
au nom de tous les intérêts les plus divers, les
passions les plus opposées, la Monarchie constitutionnelle est restée inébranlable, et semblable au roc qui surgit du sein de l'onde, elle
a vu la tourmente s'épuiser en efforts inutiles au-
dessus de sa tête, et les flots se briser à ses pieds.

Elle est donc bien forte cette royauté que l'on
s'acharne à dépeindre comme faible et désarmée,
et dont la résistance, noble et calme, donne le
plus solennel démenti à ses détracteurs.

Sa force, elle ne la puise pas uniquement
dans son organisation, elle la trouve encore
dans le concours éclatant que lui prête le pays,
et dans ce sentiment national qui fait qu'au jour

du danger la France entière se lève et se range à ses côtés.

Si, rattachant les événemens du jour aux événemens de nos dernières années, vous reprenez une à une les pages de notre histoire, combien il vous sera facile de reconnaître que, de tous les Gouvernemens qui depuis près d'un demi-siècle se sont succédé en France, aucun, entendez-vous, aucun n'a réuni les élémens de force et de durée que présente aujourd'hui le Gouvernement de Louis-Philippe.

La Monarchie absolue, la Monarchie de Louis XIV croula en présence de l'émeute, qui se haussa sur ses débris, et dans l'insolence du triomphe, jeta comme défi à l'Europe une tête de Roi.

Le Gouvernement conventionnel, malgré ses échafauds, et si fort quelques instans par la terreur qu'il avait appelée à son aide, entraîné par les événemens, se jeta dans les bras de la commune de Paris, parmi les clubs démagogiques,

et succomba bientôt devant la réaction thermidorienne.

Le Directoire, effrayé de son impuissance, ne
trouvant ni appui, ni ressources dans une Constitution incomplète, se livra sans défense au Gouvernement consulaire qui, bientôt lui-même,
devint la proie facile de la Dictature impériale.

L'Empire Napoléonien fut bien grand, bien
glorieux, et cependant quelques batailles déci-
dèrent de ses destinées. Qui eût osé pourtant
douter de sa force ? Qui eût osé mettre un seul
instant en doute son avenir, lorsque les lauriers
d'Austerlitz et d'Iéna se balançaient au-dessus de
l'autel où une archiduchesse d'Autriche donnait
sa main et sa foi au soldat parvenu ?

La Restauration, armée de tous les moyens
d'action que le Gouvernement le plus ombrageux
pouvait désirer, la Restauration, fille de l'absolutisme, soutenue et protégée par lui, la
Restauration qui, aux ennemis de son origine,
ajoutait témérairement ceux qu'elle se créait par
sa tendance contre-révolutionnaire, la Restau-

ration qui avait pour elle le prestige de cette
Charte qu'elle pouvait si noblement et avec
tant de succès interposer entre elle et ses adversaires, la Restauration se trouva faible en face
du pays, chercha de la force dans les congré-
gations et les coups d'État, et termina par la
défaite la plus honteuse un règne de quinze
années qui n'eût pas été sans quelque bonheur
si elle eût su comprendre sa mission.

En un mot, la France, dans l'espace de quarante-cinq années, a vu successivement tomber
la Monarchie du droit divin, le Régime conventionnel, le Directoire, le Consulat, l'Empire, la
Restauration; mais aussi c'est qu'aucun de ces Gouvernemens n'était national, et, de notre temps,
ni la terreur, ni le despotisme, quelque glorieux
qu'il puisse être d'ailleurs, ni la censure, ni les
lois d'exception, ne peuvent fonder ou consolider une Monarchie.

Le gouvernement de Louis-Philippe a répudié
comme indigne de lui l'exemple que lui avaient
laissé ceux qui l'avaient précédé. Ce n'est point

dans la terreur, dans le despotisme, dans la
censure , dans une législation exceptionnelle,
qu'il a cherché ses points d'appui. C'est de la nation seule qu'il a voulu tenir sa puissance ; c'est,
fort de son concours et de son adoption, qu'il
peut aujourd'hui braver ses plus furieux ennemis.

Ce n'est donc point tant pour sauver la Monarchie de Juillet que je réclame aujourd'hui
votre vote et celui de tous les amis de la liberté,
que pour faire cesser une lutte de tous les jours
qui fatigue, qui inquiète le pays. Cette lutte ces-
sera le jour où, par une manifestation éclatante,
il enlevera tout espoir aux factieux et leur fera
comprendre que c'est ailleurs qu'ils doivent porter leurs odieuses querelles.

Je ne suis point électeur, mon cher Eugène,
et cependant comme vous, à vingt-cinq ans,
j'étais indépendant et riche. De tous les biens
que je possédais , l'indépendance seule m'est
restée. Ma fortune, les révolutions me l'ont en-
levée ; j'avais une famille, l'émeute, la guerre,
les échafauds l'ont décimée.

Aujourd'hui je suis vieux, je suis isolé, je suis pauvre. Le seul héritage que je laisserai à ceux qui grandissent après moi, c'est une expérience bien douloureusement acquise. Puissent-ils en profiter !

Quant à vous, qui avez encore jeunesse et fortune, craignez que des révolutions nouvelles n'assombrissent vos beaux jours et ne vous rendent, dans votre vieillesse, triste et pauvre comme moi. Vous aussi, vous aurez une famille, craignez que la faux révolutionnaire ne vienne vous l'enlever.

Maintenant que la conviction, du moins je l'espère, vous a rallié sous l'étendard de la Monarchie constitutionnelle, sachez la défendre avec fierté, avec courage et persévérance. Point de faiblesse, point de transaction honteuse.

La France, je vous l'ai prouvé, repousse également la faction qui se dit légitimiste et celle qui se dit républicaine.

Toute incertitude, toute hésitation, ne seraient

aujourd'hui qu'une impardonnable lâcheté, dont rien ne saurait vous absoudre ; on n'est point excusable d'errer quand la raison, quand l'honneur vous servent de guides et vous tracent votre route.

Électeur de 1834, marchez avec cette majorité parlementaire à qui la France est redevable de la paix au-dehors, à qui bientôt elle devra, et pour jamais, la paix au-dedans ; que votre influence, que votre vote lui soient acquis, qu'elle reparaisse sur les bancs où elle a si noblement, si énergiquement rempli son mandat, qu'elle revienne achever et consolider son ouvrage.

En un mot, voulez-vous être l'organe du pays, soyez monarchiste comme la Chambre de 1831, comme elle, soyez constitutionnel, le pays ne vous démentira pas.

POST-SCRIPTUM.

Dans les temps de faction, l'histoire marche
à pas de géant, les évènemens se précipitent, à
peine est-il possible d'en saisir l'ensemble, à
peine est-il permis d'enregistrer en quelque sorte
à la volée les faits de la journée, et cependant il

est du devoir de l'historien de grossir chaque
matin cet amas de matériaux que le temps en-
tasse les uns sur les autres et qui, un jour, sous
la direction de mains habiles, transmettront à
nos derniers neveux les tableaux des crimes et
des folies de leurs pères.

Que de fois les évènemens du lendemain ne
sont-ils point venus donner un démenti éclatant
aux réflexions de la veille? Mais aussi, le tort
de presque tous les écrivains n'est-il point de ne
jamais faire assez large la part des passions? Ils
ont voulu ne voir que les choses là où il ne fallait voir que les hommes. Ils ont dit : « C'est
ainsi que cela se passera, ainsi le veut la raison. »
Les passions ont dit le contraire et les passions
ont eu gain de cause. N'eût-il pas été prudent
de s'y attendre? Quand les flots sont agités,
quand le ciel s'assombrit, quand les vents mu-
gissent, comment ne point croire à la tempête?

Celui-là cependant ne mérite-t-il point quelque confiance, dont les paroles ou les écrits

reçoivent des circonstances un éclatant aveu, une force nouvelle.

Depuis quelques jours, des scènes de sang et de deuil ont terrifié les deux capitales de la France. A Lyon, la République s'est présentée au combat, la tête levée, le geste menaçant et ses enseignes déployées; à Paris, c'est par l'assassinat qu'elle a prétendu triompher, c'est de poignards et de couteaux aussi bien que de fusils qu'elle a armé ses soldats.

A Lyon, à Paris, elle n'a essuyé qu'une défaite aussi honteuse que complète.

C'est au milieu de ces affreux événemens que j'achève ces lettres; mes convictions sont-elles encore les mêmes? Dois-je détruire par le feu ces pages écrites à la hâte? Sont-elles aujourd'hui sans but et sans portée? En un mot, me suis-je trompé sur les choses, sur les hommes, sur les vœux de la France, sur sa situation réelle?

Qu'on en juge.

J'ai dit que le parti républicain n'était qu'une

minorité audacieuse, frénétique, à laquelle le pays refusait toute sympathie.

J'ai dit que si elle osait de nouveau crier aux armes, le pays serait sans pitié pour elle.

J'ai dit qu'en présence de l'ennemi de tous, l'armée, la garde nationale, quiconque possède et veut conserver, se grouperaient autour du trône et sauraient défendre à-la-fois et la Constitution et le Roi.

J'ai dit que l'appui et le concours des Chambres, dans toute grave circonstance, seraient acquis sans réserve au ministère, parce que lui aussi veut la liberté, et que la loi soit forte et respectée.

J'ai dit qu'en vain les factieux se coaliseraient ; qu'en vain ils arboreraient successivement ou simultanément le drapeau-rouge et le drapeau blanc, que partout et toujours, la victoire resterait au drapeau tricolore.

J'ai dit enfin que, de tous les gouvernemens qui se sont succédé en France depuis quarante-cinq années, celui de Louis-Philippe était incontestablement le plus fort, parce qu'il avait pour lui deux auxiliaires tout-puissans ; la volonté nationale et la nécessité.

Je l'ai dit alors que tout était calme. Aujourd'hui que la monarchie constitutionnelle vient de triompher de nouveau des fauteurs d'anarchie et de révolte, aujourd'hui qu'elle a plus que jamais acquis la certitude que la nation entière, sauf quelques factieux aux abois, s'identifiait avec elle, ne suis-je pas bien autrement autorisé à dire :

« Non, je ne me suis pas trompé ; la France est avec nous et nous combattons pour elle ! »

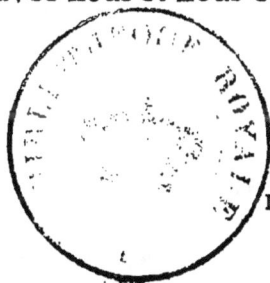

FIN.

TABLE

DES MATIÈRES.

————●◆●————

LILLE — Imprimerie de L. Danel.

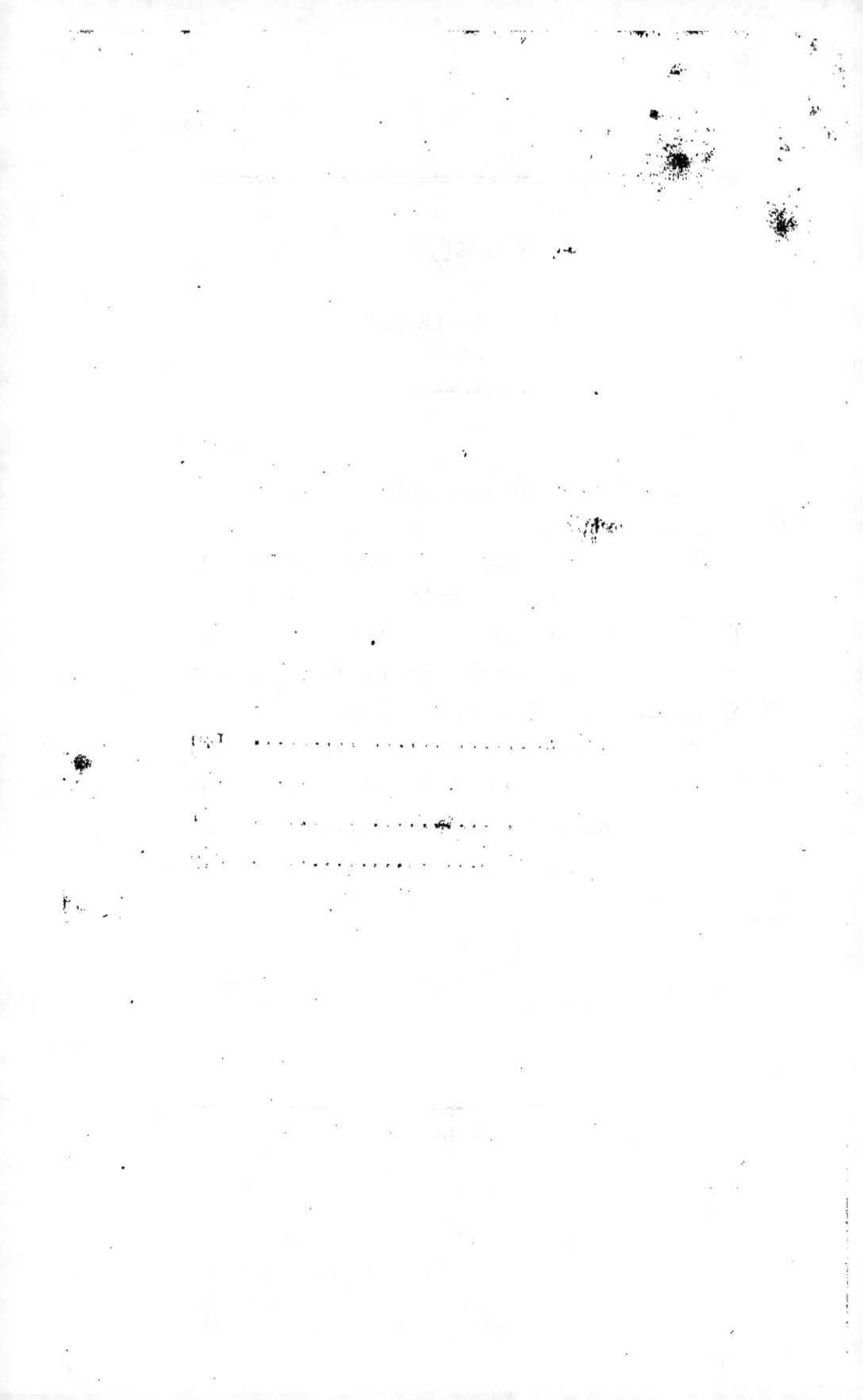

www.ingramcontent.com/pod-product-compliance
Lightning Source LLC
Chambersburg PA
CBHW070807270326
41927CB00010B/2335